청소년 생명존중 프로그램

내 생명 소중하게 가꾸기

삼성 사회정신건강연구소
한국생명의전화 자살예방센터

교육과학사

글쓴이 소개

<감 수> 강선보(고려대학교 교육학과, 교수) 이광자(이화여자대학교 간호학과, 교수)
한성열(고려대학교 심리학과, 교수)

<개발책임자> 이동수(삼성사회정신건강연구소, 소장)

<개발자> 하상훈(서울생명의전화, 원장) 김명식(전주대학교 상담학과, 교수)
오승근(명지전문대학 청소년교육복지과, 교수) 이종익(서울 동작교육청, 사회복지사)
김요한(생명존중연구회, 회원) 김경희(생명존중연구회, 총무)
박현규(서울대학교 대학원, 박사과정 수료) 오은경(생명존중연구회, 간사)
반기완(안산시청소년수련관, 팀장) 이선(다산 E & E, 팀장)
채중민(고려대학교 대학원 심리학과) 서동미(사회복지사)
문근아(성공회대학교 재학)

<영 상> 심경용(광운대학교 교수학습센터, 직원) 문종석(연세대학교 재학)

◇ 삼성사회정신건강연구소 ◇
서울시 강남구 일원동 619-4 우정빌딩 3층
Tel. 070-7096-1933 / Fax. 02-3412-1104
www.samsungsmhi.com

◇ 한국생명의전화 자살예방센터 ◇
서울시 종로구 이화동 93-8 생명의전화
Tel. 02-763-9195 / Fax. 02-765-9757
www.lifeline.or.kr

내 생명 소중하게 가꾸기 – 청소년 생명존중 프로그램

2008년 11월 10일 1판 1쇄 발행
2014년 3월 25일 1판 4쇄 발행

역은이 : 삼성사회정신건강연구소
한 국 생 명 의 전 화
자 살 예 방 센 터
펴낸이 : 김 동 규
펴낸곳 : 교육과학사

역은이와
협의하에
인지생략

경기도 파주시 문발동 광인사길 71
전화 (031) 955-6956~8 / 팩스 (031) 955-6037
Home-page : www.kyoyookbook.co.kr
E-mail : kyoyook@chol.com
등록 : 1970년 5월 18일 제2-73호

낙장·파본은 교환해 드립니다.
Printed in Korea.

정가 7,000 원
ISBN 978-89-254-0233-8

머리말

현재 한국사회의 커다란 사회 병리현상 중 한 가지가 자살 문제입니다. 통계청 보도에 따르면, 우리나라 자살률이 인구 10만명당 21.6명으로 OECD 회원국의 평균 11.2명보다 두 배 정도 높은 것으로 추산되었습니다. 특히, 청소년 자살은 사망원인 중에서 2위를 차지할 정도로 심각한 상태입니다.

천하보다 소중한 인간 생명을 버리는 일은 그 무엇보다 우선적으로 국가 사회가 나서서 막아내야 합니다. IMF 이후 경제적 궁핍과 사회적 혼란이 가속화되면서 자살이 개인의 문제에 국한된 것이 아니라 사회적인 문제라는 공감대가 크게 확산되고 있습니다. 즉, 자살 문제에 대한 국가 사회적 관심과 예방이 필수적이라는 교훈을 얻게 된 것입니다.

자살 문제의 심각성에 비하여 국가사회적인 관심과 예방 대책은 매우 미흡한 상태라고 할 수 있습니다. 이것은 사회적으로 적자 생존과 경제 논리만이 부각되어 인간 생명에 대한 존중의식이 저조했던 원인이 있었다고 판단됩니다. 또한 한국인의 특성상 사회 문제에 대한 체계적인 접근과 지속적인 해결책 마련이 부족한 원인을 들 수 있을 것입니다.

청소년 인성교육 시리즈의 일환으로 만들어진 자살예방프로그램 "내 생명 소중하게 가꾸기("Loving my life") 는 이러한 심각한 청소년 문제 예방을 위한 목적으로 개발되었습니다. 프로그램 개발과정에서 많은 어려움이 있었습니다. 우리나라에는 제대로 된 자살예방 프로그램이 전무했고, 외국에서 개발된 프로그램들조차도 그 주요 내용만 알 수 있을 뿐 참고할 자료가 없는 실정이었습니다. 그래서 연구 개발진들이 2006년 개발 초기에 많은 시간을 할애하여 아이디어를 모아 우리나라 청소년 자살 예방의 독특한 상황을 반영할 수 있는 프로그램으로 만들려고 무던히 애썼습니다. 그 이후에도 여러 차례 현장 시범 실시를 통해서 프로그램을 수정보완했는데도 여전히 부족함이 많이 있습니다.

개발과정에서 겪은 어려움과 결핍된 부분을 서문에서 솔직하게 밝히는 이유는 이 프로그램에 부족함이 많더라도 초기 개발작이라는 점을 감안하여 애정을 담은 조언을 구하고자 합입니다. 어떤 예방프로그램도 완벽하거나 만능이 될 수 없으며, 실제로도 그렇지 못합니다. 더구나 자살 문제는 복합적인 원인이 있고 다양한 접근 방식이 필요하기 때문에 프로그램에 대한 과도한 기대는 좋지 않다고 생각합니다. 이 프로그램에 대한 지적 사항은 추후 개정시 적극 반영할 것을 약속드리며, 이 프로그램을 토대로 더 우수한 자살예방 프로그램이 많이 개발되기를 바랍니다.

이 프로그램이 출판되기까지 많은 분들의 노고가 있었습니다. 사회정신건강연구소에서 청소년 정신건강 시리즈의 하나로서 진행한 청소년 자살 예방프로그램에 한국생명의전화 자살예방센터가 의기투합하여 공동으로 개발에 참여해 주었습니다. 특히, 한국생명의전화 자살예방센터 하상훈 원장님과 생명존중연구회 회원 여러분들의 노고가 컸습니다. 다시 한번 이 귀한 예방 사업에 헌신적으로 참여해 주신 분들께 감사 말씀을 전합니다.

아무쪼록 이 교재가 출판되어 청소년들의 생명존중 의식 함양과 자살예방에 도움이 되길 바라고, 현장에서 교사, 청소년지도자, 학부모님들께서 이 교재를 많이 활용해 주시길 부탁드립니다. 미완의 청소년 자살예방 프로그램이 세상에 빛을 볼 수 있도록 기꺼이 출간을 허락해 주신 교육과학사 김동규 사장님께도 감사 말씀을 올립니다.

2008년 9월

삼성 사회정신건강연구소

소장 이 동 수

추천사

발랄하고 순수하게 자신의 꿈과 이상을 추구해야 하는 청소년들이 자신의 생명을 스스로 끊는 일이 점차 많아져 우리의 마음을 아프게 하고 있습니다.

우리나라는 매년 300명 이상의 청소년들이 자살로 자신의 목숨을 끊고 있으며, 자살시도 청소년들은 그 10~20배에 달한다고 합니다. 또한 자살충동이나 생각과 같은 죽음의 늪에 빠져 있는 청소년들은 훨씬 더 많은 것으로 보고되고 있습니다.

장차 이 나라를 이끌고 나갈 동량(棟樑)들이 이렇게 쓰러지고 있지만 국가 사회적인 대책은 미약한 실정에 있습니다. 특히 국가의 인적자원을 육성하고 개발해야 할 교육계조차도 마땅한 대안을 내놓지 못하고 있는 상황에서 한국생명의전화 자살예방센터와 삼성사회정신건강연구소가 공동으로 “내 생명 소중하게 가꾸기”라는 청소년 생명존중 프로그램을 연구 개발하여, 보급할 수 있게 된 것은 대단히 뜻 깊은 일이라고 생각합니다.

이 프로그램은 우리의 청소년들이 입시위주의 경쟁적 교육 풍토 속에서 올바른 삶의 가치관을 찾지 못해 정체성 혼란에 빠지기 쉬운 청소년들에게 생명존중 의식을 함양하는 것을 목적으로 개발되었습니다. 청소년들이 자신의 생명은 지구상에서 유일한 생명이기에 한 사람 한 사람이 얼마나 소중한 존재인가를 깨닫게 합니다. 자신의 생명은 나만의 생명이 아니라 나를 사랑하는 가족들과 친구들의 생명이기도 하다는 인식을 갖게도 합니다. 좌절감, 우울증, 자살생각 등 생명을 포기하고 싶은 충동이 있을 때 어떻게 대처할 수 있는지를 배우기도 합니다. 그리고 내가 힘들고 고통스러울 때 혼자만의 힘으로 해결하려고 하지 않고 누군가에게 도움을 요청하는 것이 삶의 지혜임을 교육합니다. 그러므로 나는 혼자가 아니고 누군가가 나를 돕는 사람이 있고 도움을 받을 수 있다는 긍정적인 삶의 태도를 갖도록 합니다.

청소년들의 눈높이에 맞추어 개발된 이 프로그램은 일방적인 주입식 교육이 아니라 각종 교육자료, 동영상 등을 활용하여 청소년들이 자기 주도적으로 생명 존중의 가치관을 배워나가도록 이끌어 주게 됩니다.

1976년 생명의전화가 서울에서 한국 최초의 전화상담 운동을 시작한 것처럼 2005년 청소년 생명존중 교육 프로그램이 한국 최초로 개발, 보급 활동을 시작하게 된 것은 청소년 생명존중 운동의 신호탄이 된 매우 뜻 깊은 일이라고 생각합니다.

이 프로그램은 청소년 관련 대학교수와 연구진들, 그리고 현장 전문가들이 개발하고 그 효과성을 검증한 우수한 프로그램입니다. 아무쪼록 우수한 연구진에 의해 개발된 이 프로그램이 학교, 청소년 기관, 교정기관 등 청소년 관련 기관의 지도자들에게 생명존중 가치관을 심어주는 소중한 자료로 활용되기를 추천합니다.

2014년 3월

하 상 훈, 사회복지법인 한국생명의전화 원장

차 례

I. 프로그램의 개요

내 생명 소중하게 가꾸기

1. 프로그램의 개발 배경

최근 자살이 심각한 사회 문제로 대두되고 있다. WHO(2002)에 의하면 2,000년 세계적으로 81만 5천명의 사람들이 자살했다고 한다. 또한 최근 60년간 세계적으로 자살이 꾸준히 증가했으며, 특히 15～34세의 인구의 사망원인 중 3위가 자살인 것으로 발표되었다. 우리나라의 경우도 예외가 아니다. 2006년 기준으로 OECD 국가 중에서 한국이 인구 10만명 당 자살자 수가 21.5명으로 헝가리, 일본, 핀란드 등을 제치고 1위를 차지했고, 최근 10년간의 자살 증가율도 1위를 차지했다(통계청, 2008).

더욱 심각한 문제는 우리나라의 청소년 자살이 최근에 급격히 증가하고 있다는 사실이다. 2006년 우리나라 청소년의 사망원인 중 자살자 수가 인구 10만명 당 3.5명으로 교통사고(5.3명)에 이어 두 번째로 높게 나타났다. 특히 여학생의 경우에는 자살에 의한 사망이 질병이나 운수사고보다 많아서 1위를 차지하고 있다(통계청, 2007). 보통 청소년 자살은 성인 자살과는 달리 충동적인 상태에서 진행되어 시도자 대비 실제 자살률은 낮게 나타난다. 미국에서도 자살자 성공률을 100:1～220:1로 추정하기도 한다. 즉, 잠재적 자살가능 청소년들이 실제 청소년 자살률보다 훨씬 많다는 증거이다(김향초, 1993). 또한 몇 몇 조사들에 따르면 청소년들이 자살생각을 해보았다는 비율이 50～70%에 이르기도 한다(청소년대화의 광장, 1993; 홍의경, 1999). 이 비율은 청소년들의 절반 가량이 자살생각을 해 보았다는 것을 보여준다.

청소년 자살을 심각한 사회문제로 보는 이유는 청소년들이 가정과 사회, 국가의 미래이며 희망이기 때문이다. 또한 한 생명을 잃는다는 것은 그 개인에게만 영향을 줄 뿐 아니라 그 가족과 나아가 우리 사회에 미치는 부정적 영향과 손실이 매우 크다. 청소년은 미숙한 존재이며, 이제 인생의 꽃을 피우려는 중요한 시기, 무한한 가능성을 가진 존재인 청소년 시기에 삶을 끝내는 것은 안타까운 일이다. 향후 인생을 살아가면서 얼마든지 자신을 새롭게 가꿀 수 있는 기회가 있다. 그런데 인생의 한 시점에서 겪는 고통 때문에 단 하나뿐인 소중한 생명을 버리는 것은 그 기회를 저버리는 행동이다. 그러므로 자살 위기에 놓여 있는 청소년들이 일시적인 자살 충동이나 위기 상황을 잘 극복할 수 있도록 주변에서 조그마한 관심과 예방 차원의 도움을 준다면 상당수의 청소년 자살은 예방될 수 있을 것이다.

청소년 시기는 신체적, 정신적, 사회적 측면에서 아동에서 성인기로 전환되는 매우 불안정하고 미숙한 시기로서 다양한 스트레스에 노출될 경우 강한 충동성과 문제행동을 일으키기 쉽다(정혜경· 안옥희· 김영희, 2003). 특히 우리나라 청소년들은 대학입시에 따른 중압감과 좌절, 친구 문제, 가족 문제, 경제적 문제 등으로 자살하는 것으로 밝혀지고 있으며, 원호택(1987)은 학업 성적과 관련된 좌절로 인해 자살하는 비율도 전체의 31%나 차지하는 것으로 보고하는 등 매우 심각한 상황이라고 할 수 있다.

청소년 자살의 주요한 특징을 살펴보면 다음과 같다. 첫째, 청소년 자살은 충동성에 의해 발생되는 경우가 많아, 청소년 시기에 자살 시도율이 가장 높다(최병목, 2002). 둘째, 청소년 자살은 심각한 정신질환의 영향도 있으나 생활사건이나 스트레스의 영향도 매우 높다(하연희, 2001). 평소에 잘 생활하던 청소년들도 갑작스런 스트레스나 어려움을 피하려는 충동적 욕구, 남을 조종하려는 의도, 자신에게 부당하게 대했다고 생각되는 가족이나 친구들에 대한 보복 등이 자살의 중요한 요인이 될 수 있다. 셋째, 청소년 자살은 평상시 유대관계를 깊게 맺었던 대상이나 또래와 동반자살을 시도한다(남민, 1997). 청소년들은 내적인 자살 동기보다 외적인 요인의 영향을 많이 받으므로 자신과 유사한 자살 동기를 가진 또래를 찾는 경향이 있다. 정보화 세대인 청소년들은 인터넷 자살 사이트 등을 통해 동반 자살을 하거나, 모방 연쇄 자살을 하는 경향이 어른들보다 강하다. 넷째, 청소년 자살은 자살 시도율에 비해 성공률이 다른 연령대에 비해 낮다. 육성필(2002)에 의하면 자살 시도자수와 자살 성공자의 비율이 100:1로 매우 낮은 수준이다. 이렇게 성공률이 낮은 이유는 청소년들이 자살을 통해 삶을 완전히 포기하는 것이 아니라, 괴로움을 바깥으로 표출함으로써 외부 사회에 대한 호소나 도움을 갈구하는 특성을 띄기 때문이다(Schneidman, Farberow, & Litman, 1970). 다섯째, 청소년들은 환타지 소설이나 인터넷 게임 등의 영향으로 생사(生死)를 혼동하기 쉽다는 것이다. 청소년들은 현실 세계에서 강한 스트레스나 압력을 받을 때, 생과 사의 세계를 혼동하여 자살을 하나의 도피수단으로서 사후 세계를 지향하고 문제를 해결하려고 시도하곤 한다(안황권, 1999). 여섯째, 청소년 자살은 성인에 비해 생활에서의 스트레스나 정신적 충격 등 외적인 촉발 사건의 영향을 많이 받는다. 김기환 외(1999)의 연구에서는 청소년의 자살의 전체 발생건수의 56.9%가 생활에서의 다양한 촉발 사건들에 의해 일어난 것으로 밝혀졌다. 그러므로 청소년 자살은 매우 충동적이고, 주변 환경이나 외부로부터의 영향을 많이 받으며, 외부적인 스트레스나 정신적 충격 등 외적 촉발 사건의 영향을 많이 받는다고 할 수 있다.

위에서 살펴본 청소년 자살의 특징을 통해 알 수 있는 사실은 청소년 자살이 성인 자살에 비해 예방하기 쉽다는 것이다. 청소년은 성인과 달리 자살계획과 의도가 확고하지 않으므로 충동적인 자살을 하지 않도록 주변에서 관심과 주의를 가져주는 것만으로 많은 청소년 자살을 예방할 수 있다.

청소년 자살 행동을 바르게 이해하고 예방하기 위해서는 먼저 청소년의 자살태도에 대해 정확히 인식할 필요가 있다. 왜냐하면 자살태도는 자살행동에 대해 개인이 지닌 비교적 지속적인 견해를 의미하므로 청소년들이 자살행동에 대해 어떻게 인식하고 받아들이고 있는지 파악함으로써 자살예방을 위한 실제적인 지침을 제공받을 수 있기 때문이다(Domino, 1991). 기성세대가 자살은 절대로 안되는 금기적인 측면으로 보는 반면, 청소년들은 자살이 인간이 선택할 수 있는 일종의 권리로 여기는 경향이 있다(Sawer & Sobal, 1987). 자살하면 안된다는 기성세대에게 청소년들은 왜 자신의 삶을 스스로 결정하면 안 되는지 그 이유를 되묻는다. 이제는 청소년들에게 자살은 안된다고 말하는 것으로는 부족하고, 그들에게 그 이유를 논리적으로 설명하고 설득해야 한다. 청소년들이 갖고 있는 잘못된 자살태도를 변화시키지 않고서는 청소년들의 자살 행동을 근본적으로 예방하기 어렵다.

또한 청소년들에게 지속적으로 생명존중교육을 실시해야 할 필요가 있다. 우리 사회에 만연되어 있는 생명에 대한 경시 풍조로 인해 청소년들은 자신의 생명은 물론 타인의 생명, 즉 인간 생명에 대한 존중의식이 부족하다. 따라서 청소년들이 자살에 대해 너무 쉽게 생각하거나 자살에 대한 잘못된 오해나 환상을 가질 수 있다(김준형 외, 1999; 임영식 외, 2004). 청소년들에게 생명의 소중함을 깨닫게 하고, 생명존중 의식을 높일 수 있는 대책 마련과 관련 교육 프로그램의 개발이 매우 시급하다고 할 수 있다.

우리나라의 생명존중교육은 크게 세 가지 접근방법으로 진행되어 왔다. 첫째는 생명 존중과 관련된 전반적인 내용을 다루는 총론적인 접근 방식으로서 주로 학교 교육 과정 속에 일부 내용이 포함되어 초·중·고 학생들에게 교육되고 있다. 특히 도덕·윤리과나 사회과에 생명존중과 관련된 내용들이 등장한다. 그러나 이 교육 과정에 대한 평가를 해보면 교육의 양과 질 모두에서 매우 부족하다고 지적되고 있다(김남수, 2000). 특히 생명존중교육이 이론적 교과형태로만 이루어지다 보니 그 실제적인 효과에 대한 의문이 항상 제기되고 있다.

둘째는 죽음교육, 호스피스 교육과정이다. 이 접근은 생명을 축하하듯 죽음도 명예롭게 맞이할 수 있도록 그 권리와 의미에 대해 교육하자는 것이다. 강선보(1997)는 죽음교육의 궁극적 목적이 인간의 행복 증진이라는 역설적인 주장을 펴면서 죽음 교육을 통해 삶의 감수성을 증진시킬 것을 주장했다. 오진탁(2005)도 죽음준비교육을 일종의 생명존중교육이요 자살예방교육이라고 했다. 그러나 자살은 죽음의 한 형태이기는 하지만 죽음이 곧 자살이 아니며, 자살은 일반적인 죽음과 다르기 때문에 죽음준비교육이 자살예방 효과를 발휘할 수 있을지는 앞으로 풀어야할 과제이다. 셋째는 자살예방교육 형태로서의 생명존중교육은 주로 평생교육 차원에서 이루어지는 학교 밖 교과과정을 말한다. 현재 체계적이고 전문적으로 생명존중교육 프로그램을 운영하는 곳은 한국자살예방협회, 한국생명의전화, 수원시자살예방센터 등이다. 그러나 이 기관들에서 이루어지는 자살예방 프로그램들(suicide prevention program)은 외국의 자살예방 프로그램들과 비교하면 아직 초보단계에 불과하며 향후 다양한 연구와 개발이 있어야 할 것이다.

미국의 경우 자살예방 프로그램은 다양한 대상에게 심층적인 접근을 하고 있다. 미국의 질병통제센터(CDC)(1992)에서 실행하고 있는 자살예방 프로그램들은 학교 지킴이 훈련(School Gatekeeper Training), 지역사회 지킴이 프로그램(Community Gatekeeper Training), 일반적 자살교육(General Suicide Education), 선별 프로그램(Screening Programs), 또래지지 프로그램(Peer Support Program), 위기센터와 긴급전화(Crisis Centers and Hot-Lines), 자살수단 통제(Means Restriction), 사후예방과 집단 예방(Postvention and Cluster prevention)의 8가지 유형의 교육 프로그램을 제공하고 있다.

일본의 경우 자살예방활동을 조사활동(monitoring actual conditions), 계몽과 교육(enlightment and education), 위기개입(crisis intervention), 사후예방(postvention), 기타 개입의 5단계로 실시하고 있다. 조사활동에서는 각 지방의 자살률과 성공률에 대한 체계적이고 지속적인 조사를 실시한다. 계몽과 교육에서는 일반 대중에게 정신건강에 대한 계몽과 적절한 교육, 청소년들에게 정신건강에 대한 교육과 연구에 중점을 두고 있다. 위기개입으로는 우울증 관리, 청소년에게 자살에 대한 교육, 전화 상담, 자살률을 낮추기 위한 지역사회의 다양한 프로그램들의 실시 등이 있다. 사후예방으로는 자살시도자와 자살자 가족에 대한 치료와 교육이 있다. 기타 개입으로는 대중 매체 홍보, 자살에 미치는 사회경제적 영향의 중요성과 그 해결을 위한 연구, 다양한 자살예방 활동의 증진을 위한 연구와 정책개발 등이 이루어지고 있다(Shiho Yamashita et al., 2005).

또한 외국의 자살예방교육 프로그램은 자살과 직접 관련된 내용을 다루기도 하지만, 생명과 관련된 전반적인 주제나 자살에 대한 보호요인을 폭 넓게 다루는 것이 특징이다. 미국 미네소타의 Link-Up 프로그램의 경우 자살에 대한 직접적인 언급보다는 또래 지지, 대처기술, 자존감 증진 등에 관련된 기술을 중점적으로 다루고 있다. 이를 통해, 자살예방교육이 줄 수 있는 부작용을 최소화하면서도 폭 넓고 유익한 자살예방교육을 실시해 오고 있다 (Schaffer et al., 1991).

우리나라의 경우에도 교육현장에서 손쉽게 실시할 수 있는 생명존중교육 프로그램의 개발과 보급이 매우 필요한 상황이다. 특히 자살예방교육의 부작용이나 부정적 측면을 최소화하면서도 자라나는 청소년들에게 자신과 타인의 생명을 사랑하고 존중할 수 있도록 교육 프로그램을 개발하고 보급하는 일의 중요성은 새삼 언급할 필요가 없는 것 같다. 일부에서는 청소년들에게 자살에 대해 언급하는 것만으로도 부정적인 영향을 줄 것이라고 반대하고 있으나, 생명존중교육 프로그램의 실시가 청소년들의 생명존중사상을 증진시키고 자살태도를 보다 긍정적으로 변화시킨다는 것이 선행 연구들에서 입증되어 왔다(Ciffone, 1993; Kalafat et al., 1994; Samuelsson et al, 2002).

본 연구에서는 청소년들을 대상으로 학교에서 용이하게 생명존중교육 프로그램을 실시할 수 있도록 교육 프로그램 내용을 구성하고 개발했다. 특히, 생명존중 프로그램에 필수적인 내용 즉, 생명의 소중함에 대한 인식 증진, 스트레스나 우울할 때의 대처 방법, 자신이 힘들 때 적절히 도움을 요청하는 방법, 그리고 주변의 친구들이 힘들고 괴로워할 때 도움을 주는 방법 등을 포괄하였다. 따라서 청소년들이 이 교육 내용만 숙지한다면 생명존중 의식이 향상되고, 자신의 생명을 소중히 여길 수 있는 마음을 가질 수 있으리라 확신한다.

2. 프로그램의 개발 목표

이상의 필요성을 토대로 이번에 개발될 생명존중교육 프로그램의 목표는 다음과 같다.

첫째, 청소년들에게 인간 생명은 그 무엇보다 소중하다는 의식을 갖게 한다. 청소년들에게 자신의 몸과 마음에 어떠한 해를 가하는 행동을 절대 하지 않게 한다.

둘째, 청소년들이 매우 힘든 상황에 처하여 자살 생각이 들게 되면 언제든 가족, 친구, 상담 선생님께 도움을 요청할 수 있게 한다.

셋째, 주변에 위기 상황이나 자살 위험에 처해 있는 친구가 있다면 적절한 도움을 줄 수 있는 방법을 알려준다.

3. 프로그램의 구성 및 운영 방향

1) 적용 대상

- 중학생

2) 프로그램 구성 및 운영 방향

- 8회기(주 1회)로 구성(단, 상황에 따라 회기를 선택하여 사용 가능)
  - 전반부(1-3회기) : 생명의 소중함과 생명존중의식 함양
  - 후반부(4-8회기) : 자살태도 확립 및 자살예방교육에 중심을 둠.
- 회기마다 도입 부분에 각종 시청각 자료(동영상, PPT, 애니메이션 등)을 활용하여 회기별 목표를 학생들에게 자연스럽게 제시하고 문제의식을 심어줌.
- 강의보다는 활동이나 토론을 통해 생명존중의식 함양과 자살예방이 되도록 유도
- 집단(모둠) 활동 프로그램으로 학급 단위 또는 소규모 형태 운영에 적합

4. 프로그램의 세부 내용

회기	제목	목표	내용	시간	준비 사항
1	세상과의 특별한 만남	1. 생명존중 프로그램의 취지와 필요성을 알게 한다.	· 프로그램에 대한 소개 및 목표 제시 · 프로그램 목적, 내용, 진행 방식 · 진행 규칙, 서약	10분	
		2. 우리는 모두 소중하고 의미 있는 존재임을 알게 한다.	· 생명 탄생의 소중함에 관한 영상물보기	15분	생명탄생 영상물
			· 생명의 정의 내리기	5분	
			· 자기 소개하기 · '나는 나를 사랑합니다' 작성 · 모둠별 발표	10분	
			정리	5분	
2	사랑으로 자라다	1. 학생들이 사랑과 관심을 받았던 순간을 기억하고 감사하는 마음 을 갖게 한다.	도입	5분	
			· 나는 소중하고, 힘들게 키워진 존재라는 메시지가 담긴 영상물 보기 · 느낌 나누기, 도움 받았던 기억 적기	10분	플래쉬 애니메이션
			· 활동하기('이럴 때 우리는') · 각 모둠별 상황 하기 · 모둠별 시나리오 구성, 역할극	25분	6가지 상황 제비뽑기
			정리	5분	
3	우리는 소중해~	1. 청소년 문화 속에 있는 생명경시 행동을 돌아보게 한다.	도입	5분	
			· 영상물을 보고 청소년 문화 속에 녹아 있는 생명경시 행동 찾아보기	20분	영상물
		2. 생명존중 수준과 유형을 점검하고 생명존중 의식을 강화시킨다.	· 자신의 생명존중 수준 알아보기 · 생명존중 체크리스트 작성하기 · 자신의 수준 확인하기 · 각 수준에 대한 적절한 도움말 안내	15분	슬라이드
			정리	5분	

4	건강한 마음 만들기	1. 학생들이 자신의 우울한 감정에 대해서 이해하고 그 대처법을 알게 한다.	도입	5분	
			· 감정단어 알아보고, 자신의 감정 살펴보기 · 감정카드 맞추기	10분	감정카드
			· 우울증의 이해 · 우울증의 정서적 징후, 신체적, 징후, 감정의 변화 이해 · 우울한 감정 대처법을 알아보기 · '나만의 우울모드 극복법'	15분	슬라이드
		2. 학생들이 긍정적인 사고와 감정을 위한 정신건강 관리법을 알게 한다.	· 생각과 감정은 친구 · 긍정적인 생각으로 전환하기 · 사례를 통해 긍정적인 생각으로 바꾸기	10분	슬라이드
			정리	5분	
5	그건 아니야	1. 자살에 대한 올바른 정보를 습득하고, 자살과 관련된 행동에 대하여 올바른 태도를 갖게 한다.	도입	5분	
			· 자살에 대한 올바른 정보 습득하기 · O·X 퀴즈	10분	O·X 퀴즈 PPT
			· 자살에 대한 사례 토론 · 사례 제시 후, 모둠별 토론하기 · 자살에 대한 올바른 태도 갖기	25분	슬라이드
			정리	5분	
6	생명 지킴이	1. 자살을 생각하거나 자살위험에 처한 친구들이 보내는 자살 위험 신호를 알 수 있게 한다.	도입	5분	
			· 자살위험신호 알아보기 · '미모사 이야기' 슬라이드보기 · 슬라이드 안에 나타난 주인공의 자살 위험신호 알아보기	15분	영상물
		2. 자살생각이나 자살 위험에 처한 친구를 돕는 적절한 방법을 찾을 수 있게 한다.	· 자살위험 신호 알아보기 · 생명지킴이(Gate-keeper) 활동 · 또래친구들의 자살관련 상황에서 자살 위험 신호를 찾아보고 스스로 생명지킴이가 되어서 친구에게 도움 줄 수 있는 방법 찾기 · 생명지킴이 기술 알아보기	20분	슬라이드
			정리	5분	

7	소중한 나, 혼자가 아니야!		도입	5분	
		1. 자살위험이 발생했을 때 주변에 도움을 구하는 방법을 알게 한다.	· '내 친구 소중이' 영상물 전반부 보기 · 도움 찾기 게임 · 도움 찾기 지도 만들기 · 도움 찾기 게임하기 · 모둠별로 해결책 말해보기 · 나만의 도움 찾기 주사위 만들어 보기	25분	영상물 주사위 활동지
		2. 학생 주변에 도움을 얻을 수 있는 자원망을 탐색하게 한다.	· '내 친구 소중이' 영상물 후반부 보기 · 실제적인 도움을 받을 수 있는 곳을 탐색해 보기 · 도움 찾기 구호 외쳐보기	10분	영상물 PPT
			정리	5분	
8	생명 존중 서약		도입	5분	
		1. 생명을 존중해야 하는 이유를 스스로 깨달을 수 있게 한다.	· "생명을 존중하는 사람들" 슬라이드 보기 (어려운 상황을 극복한 사람들의 이야기) · 내가 살아야 하는 이유 · 자신이 살아야 할 이유를 적어 보기 · 나나애 나무 만들기	20분	슬라이드 나나애(愛)나무
		2. 삶의 이유와 가치를 발견하고 생명존중의 가치를 실천할 수 있게 한다.	· 생명존중 서약식	10분	
			· 프로그램 평가서 작성하기 · 생명존중에 대한 다짐을 적어보고 발표 · 정리	10분	프로그램 평가서

Ⅱ. 교사용

내 생명 소중하게 가꾸기
(Loving My Life)

삼성사회정신건강연구소

한국생명의전화 자살예방센터

세상과의 특별한 만남

<table>
<tr><th colspan="4">활 동 지 도 안</th></tr>
<tr><td>목 표</td><td>· 생명존중 프로그램의 취지와 필요성을 알게 한다.
· 우리는 모두 소중하고 의미 있는 존재임을 알게 한다.</td><td>차시</td><td>1</td></tr>
<tr><td>준비물</td><td colspan="3">교재, 규칙판, 점수판, 스티커, 화이트보드, 보드마커 6개, 마커지우개 6개, 영상물(세상에서 가장 아름다운 순간)</td></tr>
<tr><td>단 계</td><td colspan="3">진 행 절 차</td></tr>
<tr><td>1.
들어가기
&
규칙정하기
(10분)</td><td colspan="3">① 학생들과 인사를 나누고, 프로그램을 소개한다.

“여러분 안녕하세요? 만나서 반가워요. 오늘부터 생명존중 프로그램을 여러분과 함께 하려고 합니다. 여러분은 긴 겨울을 보내고 난 뒤 새롭게 피어나는 꽃봉오리를 본 적이 있나요? 혹은 갓 태어난 아기의 모습을 본 적이 있나요? 그 모습을 볼 때 어떤 생각이 드세요?

(학생들의 대답을 듣는다)

“여러분의 생각처럼 새로운 생명이 태어나는 것은 정말 아름다운 장면입니다. 흔히들 ‘생명은 소중하다’고 많이 말하지만, 실제 우리들의 삶과 문화에서는 생명이 존중되지 못하는 모습이 많이 발견되고 있어요. 이번 생명존중 프로그램을 통해서 자신의 생명이 얼마나 소중한지, 또 생명을 어떻게 대해야 하는지, 더 나아가 생명 존중과 깊은 관련이 있는 자살예방은 어떻게 해야 하는 지에 대해서도 함께 생각해 볼 거예요.”

② 프로그램의 목적과 내용 및 진행방식에 대하여 설명한다.

“생명존중 프로그램은 ○요일 ○교시 ○○시간을 통해서 8주 동안 진행 됩니다. 매 시간 정해진 주제에 대해 깊이 생각해 보는 시간을 갖게 될 것이고, 플래쉬 애니메이션이나 영상자료를 보기도 하고, 모둠별로 토의하거나 발표하는 등 재미있는 시간을 가질 거예요. 항상 지금 앉아 있는 모둠대로 다음 프로그램 시작 전에 앉아 주세요.”</td></tr>
</table>

단 계	진 행 절 차
1. 들어가기 & 규칙정하기 (10분)	③ 프로그램 규칙을 설명한다. "프로그램을 함께 하는 데 있어서 서로를 위해 지켜야 할 규칙이 필요해요. 선생님이 생명존중 프로그램의 특성상 중요하다고 생각하는 규칙 세 가지를 적어왔어요. 이 규칙들은 여러분들이 꼭 지켜줬으면 해요. 그리고 이 규칙들 외에 추가하고 싶은 것들이 있다면 이야기해 주세요." **규칙 1. '○○○ 죽겠어'란 말 하지 않기** **규칙 2. 바르고 고운 말 사용하기(욕, 은어 사용하지 않기)** **규칙 3. 친구들의 다양한 의견을 존중하기** "여러분 잘 지킬 수 있겠지요? 규칙을 잘 지키겠다는 다짐으로 우리 함께 읽어 보도록 해요. 규칙을 잘 지키고 프로그램에 적극적으로 참여하는 모둠에게는 스티커를 줄 거예요. 프로그램이 끝나는 날, 여기 점수판에 스티커가 가장 많은 모둠에게 시상을 할 예정이니 모두 열심히 참여해주길 바래요. 이제 모둠 대표를 선정해야 해요. 모둠 대표는 매 시간마다 한명 씩 돌아가면서 하도록 하겠어요. 그럼 오늘의 모둠 대표를 누가 할 것인지 모둠별로 선정해 주세요."
	❦ 진행 Tip ❦ ☞ 규칙판을 크게 제작해서 모든 학생이 볼 수 있도록 한다. ☞ 규칙판의 내용을 함께 읽어 보도록 한다.
2. '세상에서 가장 아름다운 순간' 영상물 보기 (15분)	① '세상에서 가장 아름다운 순간' 영상물을 보여준다. ② 영상물을 시청한 후, 학생용 교재를 펴서 소감을 적어보게 한다. "아기가 태어나는 기쁜 순간을 함께 봤는데요, 아름답고 신기한 순간, 여러분은 어떤 느낌들이 들었나요? 그 느낌이 무엇인지 그리고 왜 그런 느낌을 받았는지를 활동지에 적어 보도록 해요." "생명의 탄생은 누구에게나 가장 기쁘고 행복한 일이라고 생각해요. 여러분의 가족들은 여러분이 태어나는 순간을 기대하며 소중하게 태어나길, 건강하길, 예쁘길 기도하면서 10개월의 시간을 기다렸어요. 그런 소망과 감격이 있는 시간이 바로 여러분이 태어난 순간이었어요. 그렇기 때문에 여러분들은 누구보다 소중하고 귀한 존재랍니다."

단 계	진 행 절 차
3. '생명의 정의' 내리기 (5분)	① '생명은 [ ](이)다.' "여러분이 생각하는 생명에 대해 정의를 내려 보는 시간을 가질 거예요. 본인이 생각하는 생명에 대한 정의를 교재에 적어보고, 모둠별로 생명에 대한 정의를 내려 보세요. 어떤 모둠에서 가장 좋은 의미의 정의를 내리는지 기대할게요." ② 모둠별로 가장 마음에 드는 정의를 하나씩 정하고 발표해 보도록 한다. 예) 생명은 '사랑의 씨앗' 이다. ☞ 부모님의 사랑과 관심이 집중된 결과 이 세상에 태어나기 때문이다.
4. 자기 소개하기 (10분)	① '나는 나를 사랑합니다!' 작성하기 "여러분이 내려준 생명의 정의들 중에는 너무나 좋은 의견들이 많이 있었어요. 모둠에서 채택 되지 못한 것들 중에도 좋은 의미를 담고 있는 것들이 있었던 것 같아요. 여러분은 방금 우리가 얘기했던 생명의 정의처럼 고귀하고, 아름답고, 소중한 생명을 갖고 있어요. 지금은 내가 나를 사랑하는 이유를 친구들과 공유하는 시간이에요. 아래에 있는 그림 안에 자신의 이름을 적고 그 뜻을 써 보세요. 각자의 이름에는 소중한 의미가 담겨져 있답니다. 나의 긍지 찾기를 차례대로 완성해 보세요." 1. 이름과 그 의미는? 2. 나의 장래 희망은? 3. 가정생활에서 나의 장점은? 4. 내가 가장 행복한 순간은? 5. 내가 잘하는 것은? 6. 자랑하고 싶은 나의 모습은? "친구들에게 날리는'사랑의 메시지'는 모둠 친구들이 한 마디씩 적는 것인데 화이트 보드판에 적어서 모둠별로 발표하는 시간을 가져볼 거예요." ② 모둠별 발표를 듣는다.
5. 정리하기 (5분)	① 다음 시간을 소개한다. "오늘 활동에서 자신의 이름과 그 뜻을 잘 적지 못했던 친구들은 집에서 부모님에게 여쭤보고 자신의 이름이 어떤 의미를 담고 있는지 알아보도록 해요. 다음 시간에는 우리들이 살아가는 삶에서 얼마나 많은 사랑과 보살핌이 있었는지 알아볼 거예요. 그리고 앞으로 프로그램 시작 전에 모둠별로 미리 자리를 정돈해주세요. 한 주간 동안 재미있게 지내세요."

【교사용 참고자료 - 규칙판】

약. 속. 해. 요~

★ 우리 반 친구들이 앞으로 함께 할 프로그램의 이름은 ________________________ 프로그램입니다.

★ 이 프로그램은 매주 ______ 요일 ______ 교시 ______ 시간을 통해서 8주 동안 진행 됩니다.

★ 우리의 규칙은 아래와 같습니다.

☞ 규칙 1.
○○○ 죽겠어'란 말 사용하지 않기

☞ 규칙 2.
바르고 고운 말 사용하기(욕, 은어 사용하지 않기)

☞ 규칙 3.
친구들의 다양한 의견을 경청하고 존중하기

☞ 규칙 4.

★ 나는 이 프로그램의 규칙을 지킬 것을 약속합니다.

학교 학년 반

*규칙판을 크게 만들어서 칠판에 붙여서 사용하면 좋습니다.

사랑으로 자라다

<table>
<tr><th colspan="4">활 동 지 도 안</th></tr>
<tr><td>목 표</td><td>· 사랑과 관심을 받았던 순간을 기억하고 감사하는 마음을 갖게 한다.
· 자신이 사랑과 보살핌으로 살아가는 존재임을 깨닫게 한다.</td><td>차시</td><td>2</td></tr>
<tr><td>준비물</td><td colspan="3">교재, 규칙판, 점수판, 영상물(낢이 사는 이야기), 상황 제비뽑기</td></tr>
<tr><td>단 계</td><td colspan="3">진 행 절 차</td></tr>
<tr><td>1.
들어
가기
(5분)</td><td colspan="3">① 학생들과 인사하고, 이번 시간에 진행할 내용에 대해 소개한다.

"지난 시간에는 생명에 대해 알아보면서 우리 모두는 소중하고 의미 있는 존재라는 것을 깨닫게 되었어요."
"이번 시간에는 우리가 사랑과 보살핌을 받았던 때와 고마운 분들을 기억해 보고, 친구들과 함께 그 상황을 재연해 볼 거예요."</td></tr>
<tr><td>2.
'낢이
사는
이야기'
영상
보기
(10분)</td><td colspan="3">① '낢이 사는 이야기' 영상물을 보여준다(3분).

"네. 우리들은 그냥 자라는 것 같지만 사실은 그게 아니었지요. 알게 모르게 우리의 부모님, 친구들, 심지어 얼굴도 모르는 주변 사람들의 도움을 받아서 지금의 자신으로 성장하게 되었다는 것을 알았어요. "</td></tr>
<tr><td>3.
'이럴 때'
우리는
활동
하기
(25분)</td><td colspan="3">① '이럴 때 우리는'을 진행한다.

"자, 이제 모둠별로 한 명씩 나와서 제비뽑기로 한 가지 상황을 정해볼 거예요. 자기 모둠의 상황을 읽어보세요. 여러분은 그러한 경험을 해 본 적이 있었나요? 그때 즐겁고 재미있었나요, 아니면 감동적이었나요? 여러분이 경험한 많은 사건들 중 가장 인상 깊게 남는 사건을 교재에 적어보세요. 어떤 사람으로부터 어떠한 도움을 받았고 왜 지금까지 그 사건이 기억에 남는지 구체적으로 적어보세요."
"자, 이제 자신의 상황은 다 적은 것 같으니 모둠 안에서 다른 친구들이 어떠한 경험을 했었는지 알아보세요. 자신의 상황과 어떻게 다른지 알아보세요. 그리고 그 중 가장 인상적인 경험을 한 친구의 상황을 가지고 역할극을 해보는 거예요."</td></tr>
</table>

<table>
<tr><th>단 계</th><th>진 행 절 차</th></tr>
<tr><td>3.
'이럴 때 우리는'
활동하기
(25분)</td><td>❦ 활동 Tip ❦
모둠별로 제비뽑기를 통해 활동 상황을 선택한다.
☞ 개인별로 주어진 상황에 대해 과거 경험을 되살려 어떠한 일이 있었는지 적어본다.
☞ 각 모둠에서 적은 내용들 중에서 가장 인상적인 것을 선택하여 시나리오를 작성한다.
☞ 모둠별로 상황에 맞게 역할을 정하고 역할극을 연습한다.
☞ 모둠별로 나와서 발표하게 한다.

"모둠에서 역할극에 필요한 간단한 시나리오를 작성하고 각자의 역할을 정하고 연습을 해보세요. 이 활동에서 중요한 것은 어떤 도움을 누구에게 받았고, 왜 아직도 그 일이 기억에 남는지를 잘 표현하는 거예요."
"이제는 여러분들이 열심히 준비한 역할극을 직접 해 보기로 해요. 역할극을 통해 그 상황을 생생하게 재연해 주세요. 다른 모둠이 발표하는 동안 다른 친구들은 자신도 그런 경험이 있었는지 생각해 보고, 그 때 우리가 받은 사랑과 도움이 어떤 것이었는지 함께 느껴보도록 해요."

② 가장 발표를 잘 한 모둠에게 스티커를 붙여준다.

"친구들의 발표를 어떻게 보았나요? 다들 참 잘했죠? 어느 모둠이 그 상황을 가장 잘 재연했는지 박수로 결정해 볼까요?"<br>"우리가 꼭 기억해야 할 것은 우리들 주위에는 고마운 분들이 많이 있으며 여러분은 사랑받는 사람이라는 사실이지요. 따라서 여러분이 힘들 때 손을 내밀면 그 손을 잡아 줄 사람이 있고, 여러분을 존중해 주는 많은 사람들이 주변에 있다는 것을 잊지 말고 감사하는 마음을 가져야 해요."</td></tr>
<tr><td></td><td>❦ 진행 Tip ❦
☞ 학생들이 역할극을 장난스럽게 하지 않도록 주의시킨다.
☞ 모둠별로 역할극 준비시간을 10분 정도씩 준다.
☞ 모둠원 전체가 역할극에 참여하게 한다.</td></tr>
<tr><td>4.
정리하기
(5분)</td><td>① 오늘의 활동을 정리하고 중요한 사항을 확인한다.

"오늘도 여러분이 활발하게 참여해 주어서 즐거운 시간을 보낸 것 같아요. 지금 여러분 곁에 있는 친구들은 여러분에게 어떤 고마움을 전해주고 있나요? 사랑을 주고 있나요? 옆 친구에게 인사해 보세요."
"00아, 고맙다~!", "00아, 사랑한다!"<br>"여러분 모두 인사하는 모습이 너무 아름답습니다. 수고 많았어요. 다음 시간에는 우리의 문화와 생명 존중이 어떠한 연관성을 갖고 있는지 살펴볼 거예요."</td></tr>
</table>

【교사용 참고자료】

【 역할극이란? 】

1. 역할극(role play)의 의미

학생들에게 접하기 쉽지 않은 상황을 경험해 보도록 하거나 다른 사람의 역할을 실행해 보도록 함으로써 자신이나 타인의 행동에 대한 새로운 통찰을 얻도록 하는 교수방법이다. 어떤 가상적인 역할을 수행하게 함으로써 문제시되는 태도나 행동을 변화시키려는 감성훈련이나 심리치료(상담)의 한 기법이다.

2. 역할극의 구성요소

가. 상황(Situation)

상황은 그 당시 있었던 일을 잘 표현할 수 있도록 단순하지만 정확하게 표현되면 좋다.

나. 역할(The roles)

역할은 등장인물의 역할로 주로 가상적인 이름을 사용하는데 이를 사용하면 주인공 자신이 가상의 인물이 되어 말하고 행동하는 것으로 생각하고 자신의 실수를 개의치 않고 자유로이 활동한다고 여긴다.

다. 유용한 표현(Useful expressions)

주요 표현, 어구 그리고 당시 상황을 잘 전달할 수 있는 단어를 포함한 대화체.

3. 6개의 제비뽑기 상황 설명

상황	주요 내용
1. 나의 생일	가장 기억에 남는 생일 파티가 언제였는지, 무엇을 했었는지, 누구와 함께 생일을 보냈는지
2. 내가 아플 때	아팠을 때 들었던 가장 기억에 남는 위로의 말은 무엇이었으며, 위로를 해준 사람이 누구였는지
3. 나 심각한 고민이 생겼어	친구들의 도움으로 문제가 잘 해결되었을 때 어떤 생각이 들었는지
4. 엄마, 아빠 미안해요	부모님의 사랑을 생각해 보도록 한다.
5. 감사합니다	나를 잘 알지 못하는 주변 사람들로부터 도움을 받은 적이 있었는지
6. 선생님, 고맙습니다	선생님에 대한 좋은 추억
7.	앞의 여섯 가지 상황과는 다른 사랑을 받았던 경험

우리는 소중해~

활 동 지 도 안			
목 표	· 청소년 문화 속에 있는 생명경시 행동을 돌아보게 한다. · 생명존중 수준과 유형을 점검하고 생명존중 의식을 강화시킨다.	차시	3
준비물	교재, 화이트보드, 보드펜, 규칙판, 점수판, 스티커, 영상물(①소중이의 하루, ②소중이의 하루 정답), 슬라이드(생명존중 유형)		
단 계	진 행 절 차		
1. 들어가기 (5분)	① 학생들과 인사한 후 지난 시간의 학습내용을 정리하고 이번 시간에 진행될 학습내용을 소개한다. "생명존중 프로그램 세 번째 시간이에요. 한 주간 잘 지냈나요? 지난 시간에 우리들은 각자 의미 있는 존재이며, 다양한 상황 속에서 여러 사람들에게 사랑과 관심을 받으며 살아가고 있다는 것을 깨달았어요." "오늘은 우리의 문화 속에서 생명을 존중하는 모습과 그렇지 않은 모습을 살펴보고 우리 자신의 생명존중 수준도 확인해보는 시간을 가져보겠어요."		
2. '소중이의 하루' 영상보기 (10분)	① 영상물 '소중이의 하루'를 시청한다(5분). "잘 보았나요? 소중이의 하루를 따라가 봤는데, 여러분의 일상과 차이가 있나요? 아니면 비슷한가요? 소중이의 하루가 어땠는지 교재에 적어보세요. 영상물의 내용을 기억해보면서 모둠 친구들과 함께 적어보세요." "영상에서 생명을 존중하는 모습과 존중하지 못하는 모습을 찾아봤어요. 자, 여러분이 얼마나 잘 찾았는지 확인해볼까요?" **활동 Tip** ☞ 영상물을 보면서 소중이가 하는 말이나 행동 중에서 생명을 존중하는 것과 생명을 경시하는 것을 찾아보게 한다. 　☞ 소중이가 생명을 존중하는 대화 내용 및 상황 　☞ 소중이가 생명을 존중하지 못하는 대화 내용 및 상황 ☞ 학생용 교재에 우선 적게 한 뒤 보드판에 정리하고 발표하도록 한다.		

단 계	진 행 절 차
3. '소중이의 하루' 정답확인 (10분)	③ 함께 정답을 확인한다. "우리가 무심코 했던 행동이나, 대수롭지 않게 생각했던 행동들이 생명을 존중하지 못하는 문화라는 것이 놀랍지 않나요? 생명을 존중하지 못하는 문화는 우리들의 생각과 행동에 무의식적으로 영향을 줄 수 있어요. 우리는 건전한 청소년 문화를 형성하고, 유익한 활동으로써 즐길 줄 아는 지혜가 꼭 필요하겠어요." **활동 Tip** ☞ 정답 영상물을 보면서 학생들이 찾은 정답과 비교해 본다. ☞ 정답을 가장 많이 맞춘 모둠에 스티커를 준다.
4. '생명존중 유형찾기' 활동하기 (15분)	① 생명존중 유형 체크리스트를 작성한다. "여러분의 생명존중 수준은 어느 정도인지 궁금하지 않나요? 교재를 보면 나와 다른 사람에 대한 생명존중 문항들이 제시되어 있어요. 잘 읽어보고 체크해 보세요." "모두 작성한 학생은 A와 B, 각각의 점수를 합산하고 다음 페이지에 있는 그래프를 그려보세요. 가로(B), 세로(A)축에 합산한 점수를 표시한 후 직선을 그어 보세요. 서로 만나는 점이 있죠? 여러분이 그은 선 안쪽을 빗금으로 칠해 봅시다. 그 칠한 모양이 여러분의 생명존중 유형을 보여주고 있어요. 이제 각 유형에 대한 설명을 하겠습니다" ② '생명존중 유형' 슬라이드를 보면서 설명한다. ▸ 무관심형 – 나와 다른 사람들을 돌보지 않는 유형 ▸ 자기중심형 – 나만 돌보며 다른 사람을 배려하지 않는 유형 ▸ 타인중심형 – 남은 배려하나 나에 대해 인색한 유형 ▸ 생명존중형 – 나와 다른 사람들을 배려하고 존중하는 유형 **진행 Tip** ☞ 체크리스트 그래프 작성방법에 자세히 설명해 준다. ☞ 생명존중유형은 계속 변할 수 있음을 알려주어 무관심형이나 자기중심형의 학생들이 자책하거나 좌절하지 않게 도와준다.

<table>
<tr><th>단 계</th><th>진 행 절 차</th></tr>
<tr><td rowspan="2">4.
'생명존중
유형찾기'
활동하기
(15분)</td><td>③ 자신이 어떤 유형인지 알아보고 생명 존중 수준에 대한 도움말을 읽는다.
"자신의 생명존중 유형을 알아봤어요. 자기의 유형에 대한 해석과 도움말을 함께 읽어봅시다. 모둠 친구들과 자신이 어떤 유형인지, 어떤 점들에 더 신경을 써야 할지에 대해 이야기를 나눠보세요."</td></tr>
<tr><td>진행 Tip
☞ 유형에 대한 설명 외에도 학생들 스스로 부족한 점을 생각할 수 있도록 유도한다.
☞ 유형은 단지 참고자료일 뿐이므로 일반화하지 않도록 주지시킨다.</td></tr>
<tr><td>5.
정리하기
(5분)</td><td>① 프로그램을 정리하며 다음 시간을 소개한다.

"이번 시간에는 우리사회가 얼마나 생명을 존중하고 있는지에 대해서 되돌아보고, 나의 생명존중 수준을 체크하고, 그리고 생명존중 유형을 알아보는 시간을 가졌어요. 도움말을 학교생활과 일상생활에 생생하게 적용해서 생명을 더욱 존중하는 여러분이 되길 바래요."

"다음 시간에는 우리들의 감정을 이해하고 긍정적인 생각을 가질 수 있는 방법에 대해 알아볼 거예요."</td></tr>
</table>

【교사용 참고자료 ①】

【 청소년의 생명경시 문화 】

1. 자해 행동(칼빵, 과도한 성형)
2. 약물 오/남용(음주, 흡연)
3. 학교폭력(왕따, 집단폭행)
4. 인터넷 중독(게임)
5. 자살 행동

【 청소년의 생명존중 문화 】

1. 남을 배려하고 존중하는 삶(인권존중)
2. 이웃사랑(자원봉사)
3. 존중하는 말, 바른 말 사용하기
4. 노약자에게 자리 양보
5. 장애인 돕기

【교사용 참고자료 ②】

【소중이의 하루 정답】

『동영상 내용 : 아침에 일어나 학교에 갔다가 집으로 돌아온 후, 잠자리에 들 때까지의 생활모습』

① 08:00, 등교를 하던 중 친구와 문자(친구무시, 욕, 죽는다)

☞ **생명 경시**

② 10:10, 수업 시간, 친구가 칼빵하는 것을 보고 말린다('하지마')

☞ **생명 존중**

③ 14:55, 어제 읽은 인터넷 소설을 이야기하며 친구의 환생을 믿는다.

☞ **생명 경시**

④ 14:55, 친구가 괴롭힘 당하는 모습을 보고 그냥 지나친다.

☞ **생명 경시**

⑤ 17:00~19:00, 웹서핑(자살, 폭력 기사), 온라인 게임.

☞ **생명 경시**

▸ 정답 영상을 다시 시청하면서 정답을 확인한다.

▸ 진행자가 정답을 확인하면서 필요시에는 부연 설명을 해준다.

▸ 정답 이외에 학생들이 찾은 것이 있으면 왜 그렇게 생각했는지 학생들의 생각을 알아본다.

【교사용 참고자료 ③】

【생명존중 유형】

무관심형

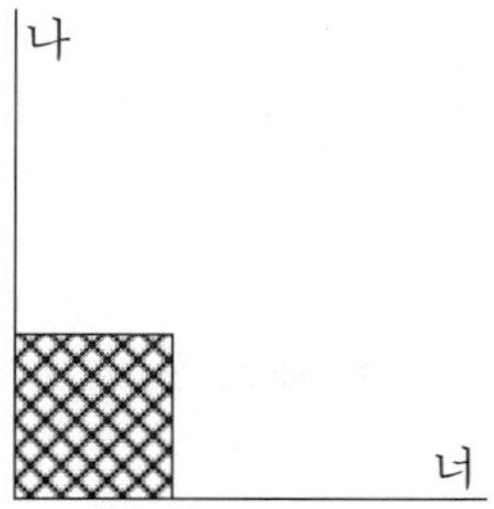

☞ 생명존중에 대한 공부가 많이 필요한 것 같아요. 누구에게나 생명은 소중한 것이랍니다. 나와 다른 사람을 사랑하는데 많은 관심을 가지세요.

☞ 생명존중 실천방법

- * 본인도 모르고 있는 부분을 찾아 칭찬하기
- * 친구들과 대화시 욕/은어 사용횟수 줄이기
- * 본인과 상대방의 잘잘못에 대한 한 번 이상 너그럽게 봐주기

자기중심형

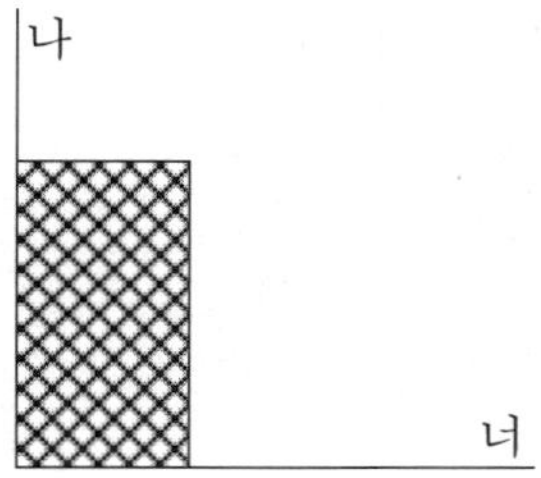

☞자기 자신을 귀하게 여길 줄 알고 있군요. 그러나 타인에 대한 배려와 존중하는 태도가 조금 더 필요해요. 자신을 사랑하고 아끼는 만큼 상대방에게도 동일하게 대해주면 좋겠네요.

☞ 생명존중 실천방법

- * 친구들의 장점이나 잘 한 일에 대해 칭찬해주기
- * 상대방의 사소한 잘못 용서해주기

타인중심형

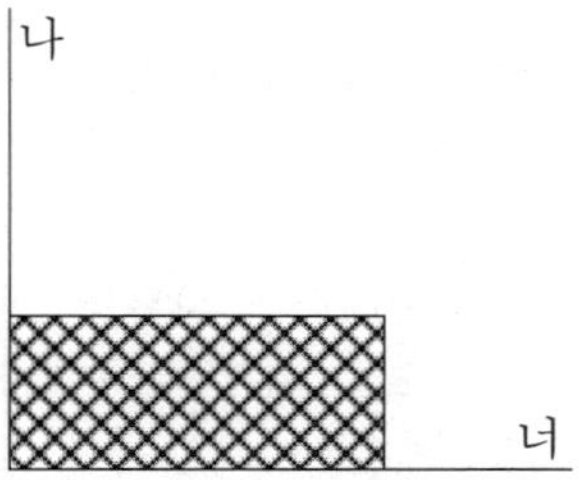

☞ 상대방을 배려하는 모습이 보기 좋네요. 하지만 자신에 대해선 엄격하고 인색한건 아닌가요? 나를 사랑하고 칭찬하는 마음을 가져보세요. 나는 이 세상에서 단 하나뿐인 존재라는 걸 잊으면 안 돼요.

☞ 생명존중 실천방법

- * 사랑받기 위해 태어난 사람임을 하루 세 번 이상 생각하고 말하기
- * 자기 의견이나 감정을 솔직하게 표현하기

생명존중형

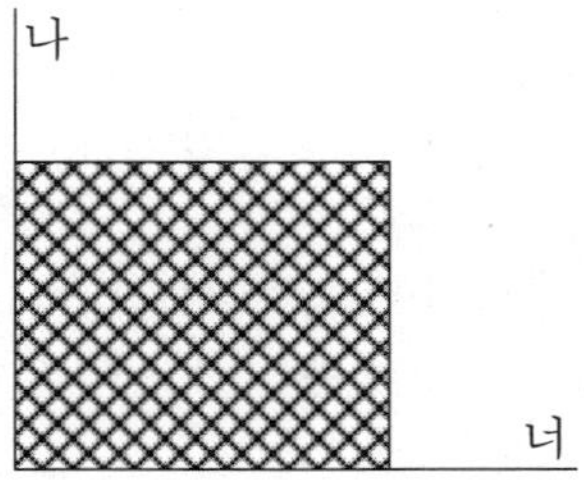

☞ 짝!짝!짝! 나와 상대방에 대한 배려와 생명존중의식이 상당히 좋습니다. 지금처럼 서로 배려하며 나를 사랑하는 모습을 잘 간직하시기 바랍니다. 그리고 다른 친구들에게 이러한 소중한 마음을 가르쳐주세요.

☞ 생명존중 실천방법

- * 여러분의 좋은 습관을 친구들에게 알려주며 함께 실천해 보세요.

건강한 마음 만들기!

<table>
<tr><th colspan="4">활 동 지 도 안</th></tr>
<tr><td>목 표</td><td>· 자신의 우울한 감정을 이해하고 그 대처법을 안다.
· 긍정적인 사고와 감정을 위한 정신건강 관리법을 배운다.</td><td>차시</td><td>4</td></tr>
<tr><td>준비물</td><td colspan="3">교재, 화이트보드, 보드펜, 규칙판, 점수판, 스티커, 슬라이드(① 우울증, 들여다볼까요? ② 우울해 하지 말고 웃으며 살자, ③ 생각과 감정은 친구), 감정카드</td></tr>
<tr><td>단 계</td><td colspan="3">진 행 절 차</td></tr>
<tr><td>1.

들어
가기
(5분)</td><td colspan="3">① 지난 시간에 학습한 내용을 정리하고 이번 시간에 학습한 내용을 소개한다.

"지난 시간에는 청소년들의 생명존중 문화의 현실을 돌아보고, 여러분들의 생명존중 수준이 어느 정도인지 살펴보았어요. 이번 시간에는 우울증에 대해 알아보고, 우울해질 때 극복하는 방법과 평상시에 마음을 건강하게 지키는 방법을 알아볼 거예요."</td></tr>
<tr><td>2.

감정
카드
게임
(10분)</td><td colspan="3">① 감정의 정의를 내려 본다.

"감정이란 어떠한 대상이나 상태에 따라 일어나는 기쁨·노여움·슬픔·두려움·쾌감·불쾌감 따위 등의 마음의 현상을 말합니다."

☞ 기쁨을 나타내는 단어와 불쾌함을 나타내는 단어를 알아본다.
☞ 요즘 나의 감정은 어떤가를 생각해보고 '감정단어'에서 골라 보게 한다.

② 감정카드 맞추기를 한다.

❦ 활동 Tip ❦

☞ 모둠별 대표에게 감정카드를 하나씩 나누어 준다.
☞ 모둠 대표는 카드에 있는 감정을 몸짓으로만 표현한다.
☞ 정답은 모든 모둠이 맞출 수 있다.
☞ 맞춘 개수만큼 모둠별로 스티커를 부여한다.</td></tr>
</table>

단 계	진 행 절 차
3. 우울증의 이해와 우울한 감정 대처법 (15분)	**① '우울증, 들여다 볼까요?'슬라이드를 보며 우울증에 대해 알아본다.** "우울함은 자연스러운 것이에요. 그렇지만 우울한 감정이 심각해지면 건강할 때와는 달리 예민해지고 불평과 짜증이 많아져요. 자존감이 낮아지고, 세상에 '나 혼자'라는 생각에 빠지기도 합니다. 그 외에도 정서적, 신체적 증상과 감정의 변화들이 나타나는데 어떤 증상들이 있는지 함께 알아볼까요?" ☞ **우울증의 징후에 대해 적어보게 한다.** **② '우울해 하지 말고 웃으며 살자' 슬라이드를 보여주면서 우울한 감정에 적절하게 대처하는 방법과 나만의 우울모드 극복법을 찾아본다.** "우울해지면 슬프고 절망하거나 분노, 좌절감을 느끼게 되고 그 감정들이 적절하게 극복되지 않으면 부적절한 행동들을 하기도 하지요. 심지어는 자살이 자신의 불행을 끝내는 유일한 방법이라는 생각을 하기도 해요. 그렇다면 우울한 감정에 빠졌을 때 어떻게 대처해야 하는지 슬라이드를 보면서 알아보기로 해요." ☞ **슬라이드를 보며 우울할 때 극복하는 방법에 대해 알아보고, '나만의 우울모드 극복법' 을 찾아 적게 한다.** ① 좋은 음악을 듣는다. - 우울할 때 듣는 음악 ② 친구들과 어울리며 자기감정을 솔직히 얘기한다. ③ 축구, 인라인 등의 땀 흘리는 운동을 한다. ④ 과거의 좋았던 기억을 떠올려 본다. ⑤ 맛있는 음식을 찾아 먹는다.

<table>
<tr><td>4.

생각과
감정은
친구
(10분)</td><td>

① '생각과 감정은 친구' 슬라이드를 보여준다.

"슬라이드 잘 봤죠? 이처럼 우리의 생각과 감정은 서로 연관이 되어 있어요. 놀이동산에서 친구와의 즐거웠던 추억을 떠올리면 행복한 마음이 들죠? 즐거웠던 생각들이 행복한 감정을 갖게 하는 것이지요. 살아가면서 우리는 꼭 좋은 생각과 감정만 느끼는 건 아니에요. 때때로 부정적인 감정이 들 때도 있는데 우리의 생각을 바꿈으로써 부정적인 감정들을 긍정적으로 바꿀 수 있어요. 다음 사례를 통해 부정적인 생각을 긍정적으로 바꿔보는 연습을 해봐요."

② 모둠별로 사례를 긍정적인 생각으로 바꿔보는 활동을 한다.

<table>
<tr><th></th><th>사 례</th><th>긍정적인 생각으로 바꾸기</th></tr>
<tr><td>1</td><td>벗어나고 싶어요! - 탈출하고 싶은 생각</td><td>☞ 현재에 답이 있어!</td></tr>
<tr><td>2</td><td>욕심쟁이 - 통제하고 싶은 마음</td><td>☞ 다른 사람을 신뢰하자!</td></tr>
<tr><td>3</td><td>잘못된 해결책 - 혼자만의 판단실수</td><td>☞ 다양한 해결책이 있어!</td></tr>
</table>

❦ 활동 Tip ❦

☞ 사례를 읽어보고 모둠별로 토의하도록 한다.
☞ 보드판에 긍정적인 생각으로 바꾼 내용을 적어 발표한다.

</td></tr>
<tr><td>5.

정리하기
(5분)</td><td>

① 프로그램을 정리하며 다음 시간의 학습내용을 소개한다.

"이제 우리는 우울한 감정이 들 때, 그 감정을 이해하고 잘 극복할 수 있어요. 그리고 우리의 감정은 자신의 생각에 따라서 얼마든지 바꿀 수 있어요. 긍정적인 생각으로 우리 모두 밝은 마음으로 생활하도록 노력해요. 다음 시간에는 자살에 대한 올바른 태도를 알아보는 시간을 갖도록 해 보겠어요."

</td></tr>
</table>

【교사용 참고자료 ①】

【청소년의 우울한 감정】

* 청소년 우울증의 징후

① '외롭다'라는 말을 자주 한다.
② 잘 우는 편이다.
③ '내가 나쁜 일을 저지를까 봐 두렵다'라고 한다.
④ 늘 걱정이 많다.
⑤ '날 사랑하는 사람이 없다'라고 불평한다.
⑥ '남들이 나를 해치려고 해'라고 이야기를 한 적이 있다.
⑦ '나는 보잘것없는 존재야'라고 한다.
⑧ 신경질적이고 예민하다.
⑨ 자존심이 강하고 쉽게 무안해 한다.
⑩ 겁이 많다.
⑪ 불행하다고 생각하고 슬퍼한다.
⑫ 남을 의심한다.

* 청소년 우울증의 대처방법

우울증 발견하기	·평소와 달리 의욕이 없고 말이 없으며, 우울 증상이 보일 때 우울증 검사 등을 통해 체크한다. ·상담초기에 지나친 지지와 격려를 하는 것은 현재 자아상, 자신감과 상처에 오히려 역효과를 가져오므로 주의한다.
일상생활 돕기	·일상적인 자기관리와 위생 상태를 유지하도록 한다. ·일상생활을 유지하는데 필요한 섭식과 수면상태를 관리한다.
감정 표현 격려하기	·우울한 감정을 털어놓게 하여 스스로 그 내용을 분명히 알게 한다. ·우울과 관련된 과거의 사건들을 이야기하면서 원인에 대해 통찰하게 한다.
우울에서 벗어나도록 돕기	·에너지와 흥미를 높일 수 있는 신체적 활동을 직접 찾아 실행하게 한다. ·대인관계의 확장 및 사회활동 증진을 위하여 정기적인 외부 모임 참여를 유도한다.
우울증 치료	·전문상담가나 소아정신과에 진료를 의뢰한다. ·필요할 경우 약물치료를 병행하도록 한다. ·꾸준히 치료를 받도록 점검하고 지도한다.

【교사용 참고자료 ②】

【♪♬ 음악을 통한 정신건강 관리법 ♬♪】

1) 음악을 통해 우울한 감정을 해소하는 법

우울한 감정을 해소하는 방법은 지금의 감정 상태와 공감이 될 수 있는 음악을 들려주고 그 감정을 승화시키는 것이다. 우선우울한 사람에게는 느리고 조용한 곡을 들려준 뒤 그 감정의 해소를 기다린다. 그리고 난 후에 밝고 경쾌한 음악을 들려주어 우울로부터 벗어나게 돕는다. 자신이 우울에 빠졌을 때 그 상태에서 급히 빠져 나오려고 하지 말라. 우선 감정을 살피고 위로하며 음악의 도움을 받아 새로운 하루에 도전하는 것이 바람직하다.

2) 음악을 통해 혼란스럽고 피곤한 마음을 안정시켜 주는 법

머리가 복잡하고 마음이 갑갑하거나 몸과 마음이 지쳤을 때는 잔잔하고 경쾌한 음악이 좋다. 이런 음악은 마음의 안정을 찾아 주고 집중력을 길러준다. 불안한 수험생이나 자신감을 잃은 청소년들에게 권할 방법으로 아침·저녁으로 편안한 자세에서 10-30분 정도 음악을 듣는 습관을 길러 주는 것이 좋다.

◁◀ 음악 리스트 ▶▷

가요	♬체리필터 – 낭만고양이, 오리날다 ♬버블시스터즈–그래요 ♬럼블피쉬 – 으랏차차 ♬빅마마 – 거부 ♬러브홀릭 – 러브홀릭 ♬쿨–작은기다림 ♬버즈–모놀로그 ♬차호석–내가 더 사랑하니까 ♬장나라 – 기도 ♬박화요비–사랑은
영화음악	♬러브어페어 ost 피아노 주제곡 ♬ "사랑의 인사" 여인의 향기 ost
클래식	♬앙드레가뇽–조용한날들, ♬쇼팽의 '마주르카' ♬우리나라 사물놀이의 '3도 설장도' ♬요한 스트라우스의 '아름답고 푸른 도나우강' ♬리스트의 '헝가리안 랩소드 1번' ♬보르딘의 '프린스 이골' ♬베에토벤의 '호리오란 서곡 corioan op.62', '영웅 제3악장' ♬쇼팽의 '마주르카', '소나타 제2번', '발라드 제4번' ♬바하의 'B단조 미사', '브란덴브르크 협주곡' ♬알비노니의 '아다지오' ♬차이코프스키의 '우울한 세레나데' ♬리스트의 '헝가리 광시곡 제2번' ♬브람스의 '클라리넷 5중주', '대학축전 서곡' ♬시벨리우스의 '교향곡 제2번 D장조 슬픈왈츠'
팝송	♬Radiohead – Creep ♬Stratovarius – Forever ♬Inessa Galante – Ave maria ♬Eagles – Hotel california ♬Sting – Shape of my heart

【교사용 참고자료 ③】

【생각과 감정의 연결】

사람의 생각과 마음은 서로 강하게 연결되어 있다. 예를 들어 생각을 관장하는 뇌의 신경전달물질 중 하나인 세로토닌의 기능이 떨어지면 기분이 우울해진다. 하지만 생각을 변화시키면 감정이 달라지고 변할 수 있다. 이 일을 어떻게 할 수 있을까?

그것은 바로 긍정적 사고를 갖는 것이다. 긍정적 사고는 긍정적 기분을 불러일으키고, 몸에 활력을 줄 뿐 아니라, 사회의 생산성으로 이어진다. 반대로 부정적 사고는 우울증과 자신과 사회에 대한 파괴적 행동으로 이어진다.

건강한 사람은, 주변에서 끊임없이 생겨나는 온갖 사태에 대해 의지와 논리로 대응하고 살아간다. 인간은 생각하는 동물이며, 바로 그 생각으로 감정이라는 동물적 행동을 제어할 수 있다. 따라서 긍정적 사고와 긍정적 감정은 하나의 단위로서 기능한다. 일단 생성된 긍정적 힘은 연결고리를 따라 몸으로 사회로 퍼져 나가게 마련이다. 우리 삶이 행복해지기 위해서는, 몸과 마음이 다 건강해야 되지만, 그 중 제일은 생각과 마음의 건강이다.

1) 벗어나고 싶어요! – '탈출하고 싶은 생각'

영철이 아버지는 중소기업에 근무하는 모범적인 가장이다. 영철이는 이러한 아버지를 존경하면서도 한편으로는 아버지에 비해서 자신이 많이 부족하다고 생각한다.

1학년 때는 성적이 좋았으나 학년이 올라가면서 성적이 떨어지고 최근에는 공부에 대한 압박감까지 느끼고 있다. 이번 기말고사 준비를 열심히 해야 하는데, 여전히 계속 잡생각만 나고 전혀 집중이 되지 않는다. 이번에도 성적이 안 나오면 아빠에게 인정도 받지 못하고 많이 실망하실 거라는 생각에 우울해한다.

"이 상황을 벗어날 수 있는 방법은 없을까? 너무 괴롭다. 사는 게 너무 힘들다."

☞ 무기력, 답답함, 자포자기, 우울

※ 긍정적인 생각으로 바꾸기

1) 다른 곳으로 주의를 돌려서 잠시 휴식을 취해본다.

2) 십년 후 현재의 고민과 스트레스에 대해서 어떻게 느낄지 생각해본다.

3) 과거 집중이 잘 되었을 때의 마음가짐과 행동방식을 떠올려본다.

2) 욕심쟁이 – '통제하고 싶은 마음'

중학교 2학년인 지훈이는 예의바르고 공부도 잘하는 학생이다. 그래서 주위의 선생님이나 어른들에게 칭찬을 자주 듣는다. 또한 친구들과 의견이 안 맞았을 때 리더십 있게 상황을 이끌어 가기도 한다. 그런데 어느 날 여자친구인 슬기가 "너는 다른 사람들에게 너무 잘 보이려고 가식적인 거 같아. 너랑 있으면 숨 막혀. 네가 싫어!"라고 한다.

"내가 지금까지 노력했던 모든 것들이 허사였나? 이럴 수가! 어떻게 네가 나한테 그런 심한 말을 할 수 있어! 도저히 용납이 안돼!" ☞ 분노, 자기혐오, 우울

※ 긍정적인 생각으로 바꾸기

1) 친구의 말은 나를 걱정하고 잘 되라는 의미로 생각해 볼 수 있다.
2) 혹시 내가 지나치게 완벽주의적인 면이 있는 것은 아닌지 생각해보고 좀 융통성 있고 편하게 생각해 보는 습관을 길러본다.
3) 모든 것을 다 잘해야 인정과 사랑을 받는 것이 아니라 한두 가지가 부족한 것이 오히려 더 인간적이고 자연스러워 다른 사람과의 관계도 더 편하게 친해질 수 있다는 점을 생각해본다.

3) 잘못된 해결책 – '혼자만의 판단 실수'

소라는 삼남매의 맏이다. 가정형편이 어려워 다니고 싶은 학원도 가지 못한다. 공부를 열심히 해도 성적은 잘 나오지 않고 선생님께 칭찬받는 일도 거의 없다. 그리고 외모 때문에 친구들에게도 인기가 없다. 어느 날 영수가 "너! 살 좀 빼라! 너만 보면 짜증 나! 여자가 그게 뭐니?"라고 놀린다.

"나는 왜 이럴까? 아무 희망이 없다. 어떻게 헤쳐 나갈 방법이 전혀 없다.
엄마는 날 왜 이렇게 못나게 낳았을까?"☞ 절망, 무기력, 우울

※ 긍정적인 생각으로 바꾸기

1) 비록 인정받지는 못하지만 자신이 잘 할 수 있는 것들을 생각해본다. (동생들을 잘 돌본다. 이야기를 재미있게 꾸밀 수 있다. 만화를 잘 그린다.)
2) 졸업하고 사회생활하면서 운동을 하게 되면 살이 자연스럽게 빠질 수도 있다.
3) 영수가 나에게 한말은 내가 싫어서 한말이 아니라 집에서 엄마한테 혼나고 나서 화가 나니까 화풀이로 아무 생각 없이 한 말일 수도 있다.

【교사용 참고자료 ④】

【 자신에게 해를 입히게 되는 경로 】

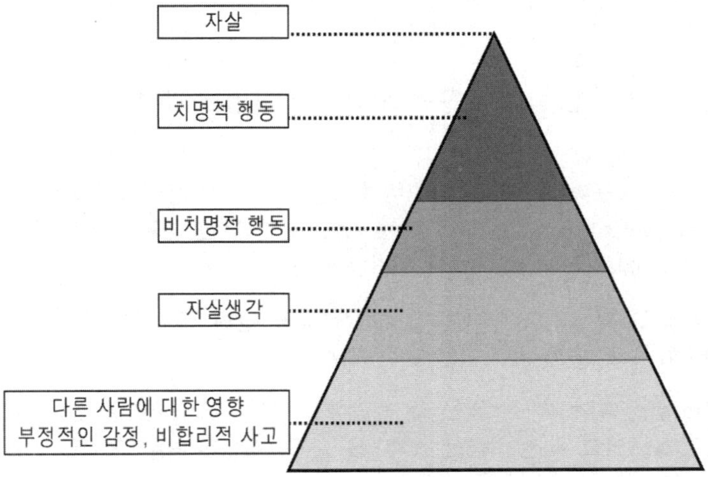

분노 / 우울 / 절망 → 부정적 감정 / 비합리적 사고 → 자살 생각 → 비치명적 행동 → 치명적 행동 → 죽음 (자살)

그건 아니야

<table>
<tr><th colspan="4">활 동 지 도 안</th></tr>
<tr><td>목 표</td><td>· 자살에 대한 올바른 정보를 습득하게 한다.
· 자살과 관련된 행동에 대하여 올바른 태도를 갖게 한다.</td><td>차시</td><td>5</td></tr>
<tr><td>준비물</td><td colspan="3">교재, 화이트보드, 보드펜, 규칙판, 점수판, 스티커, 슬라이드(① 진실 혹은 거짓, ② 자살에 대한 올바른 태도), OX판</td></tr>
<tr><th>단 계</th><th colspan="3">진 행 절 차</th></tr>
<tr><td>1. 들어가기 (5분)</td><td colspan="3">① 지난 시간 학습 내용을 정리하고 이번 시간 학습 내용을 소개한다.

“지난 시간에는 생각과 감정의 연결, 그리고 건강한 마음을 만드는 방법에 대해서 알아보았어요. 이번 시간에는 생명 존중과 관련되어 심각한 주제일 수 있는 ‘자살’에 대해 함께 이야기해 보려고 해요.”
“그리고 자살행동에 대한 잘못된 생각을 살펴보고, 우리들은 어떠한 생각과 태도를 가져야 할 것인지 알아볼 거예요.”
“자살을 이야기하는 것은 쉽지 않아요. 그럼에도 이번 시간에 우리가 자살에 대해 알아보려고 하는 이유는 생명을 존중하지 못하는 모습들 중에서 가장 심각하고 극단적인 행동이 자살이기 때문이에요.”</td></tr>
<tr><td>2. ‘진실 혹은 거짓‘ (10분)</td><td colspan="3">① 자살에 대한 ‘진실 혹은 거짓’을 알아본다.

“이제부터 ‘진실 혹은 거짓 게임’을 할 거예요. 화면에 나오는 질문을 잘 읽어 보고 맞다고 생각하면 O , 틀리다고 생각하면 X 푯말을 들어주세요.”

활동 Tip
☞ 퀴즈를 풀면서 학생들이 잘못 알고 있는 정보에 대해 바르게 알려 주면서 진행한다.
☞ 우선 한두 모둠의 의견을 들어보면서 진행한다.
☞ 많이 맞춘 모둠에게 스티커를 준다.</td></tr>
</table>

<table>
<tr><th>단 계</th><th>진 행 절 차</th></tr>
<tr><td rowspan="4">3.
사례
토론
&
자살에
대한
올바른
태도
(25분)</td><td>① 사례를 읽고 토론을 진행한다.
"여러분의 교재를 보시면 두 가지 사례가 나와 있어요. 각각의 사례는 자살과 관련해서 생각해 봐야할 내용들이예요. 먼저, 첫 번째 사례를 읽어보고 모둠원들과 의견을 나눠보세요. 그리고 왜 그렇게 생각하게 되었는지 이유도 함께 정리해 보세요."

❦ 활동 Tip ❦
☞ 모둠별로 '사례 1'에 대해 토론한 후 하나의 의견으로 정리한다.
☞ 첫 번째 사례에 대한 각 모둠의 의견을 들어본다.
☞ 진행자가 각 사례에 대한 의견을 들어본 후 간략하게 정리한다.

"좋아요. 여러분들 모두가 훌륭한 의견을 제시해 주었어요. 그럼 지금까지 나온 내용을 바탕으로 자살에 대한 올바른 태도를 정리해 보도록 할게요. 토론사례 1의 중요한 점은 '아무리 어려운 환경에 처해 있다고 하더라도 자살로 현실을 회피하는 것은 잘못된 행동이다'라는 거예요."</td></tr>
<tr><td>❦ 진행 Tip ❦
☞ 토론할 때 의견이 어느 한 쪽으로 몰리지 않고 다양한 의견이 자유롭게 나올 수 있도록 한다.
☞ 토론 시간을 충분히 주면서 제대로 진행되는지 확인한다.
☞ 토론할 때, 학생들이 골고루 참여하도록 독려한다</td></tr>
<tr><td>② '자살에 대한 올바른 태도' 슬라이드를 보면서 정리한다.</td></tr>
<tr><td>4.
정리
하기
(5분)</td><td>① 활동을 정리하고, 마무리한다.

"오늘은 자살에 대한 올바른 태도를 알아보는 시간을 가졌습니다. 어떠했나요? 우리가 당연하다고 생각한 것들이 때로는 잘못된 생각이었다는 것을 느끼게 되었나요? 인간은 죽음을 피할 수 없어요. 우리 모두는 언젠가 죽음에 이르게 됩니다. 그런데 죽음의 시간을 조금 더 당겨보자는 생각. 그런 선택은 절대로 있어서는 안 돼요. 죽음은 우리의 선택사항이 아닙니다."
"다음 시간에는 자살예방을 위한 기본단계로서 자살위험신호를 알아보는 활동을 할 거예요. 그럼 다음시간에 또 만나요."</td></tr>
</table>

【교사용 참고자료 ①】

【 자살에 대한 진실 혹은 거짓 】

	문 항	진실 혹은 거짓
1	자살하려는 청소년들은 자신의 문제가 가장 심각하다고 생각한다.	(진실) ☞ 똑같은 상황과 문제에 처하더라도 사람마다 그 영향을 다르게 받는다. ☞ 어떤 사람에게는 사소한 일이 다른 사람에게는 죽고 싶은 생각이 들만큼 끔찍하게 느껴질 수도 있다.
2	자살하겠다고 얘기하는 청소년들은 실제로는 자살하지 않는다.	(거짓) ☞자살 생각이나 자살 시도는 '도움을 찾으려는 외침'이다. 도움을 요청하는데 반응을 하지 않는다면 비극적인 결과로 끝맺을 수 있다.
3	자살하거나 자살을 생각하고 있는 청소년들은 보통의 청소년들과는 다르다.	(거짓) ☞ 자살은 누구나 할 수 있으며, 자살자의 일반적인 특성은 없다. 단지 자살 위험이 좀 더 높은 집단이 있을 뿐이다.
4	자살하는 청소년은 죽으려는 의지가 확고하다.	(거짓) ☞ 대부분의 자살하는 청소년들은 자살위험을 무사히 넘기면 건강하게 살 수 있다. 따라서 그 위기를 잘 넘길 수 있도록 주위에서 보호하고 도와주는 것이 매우 중요하다.
5	자살은 예방 가능하다.	(진실) ☞ 평소 청소년들이 신체와 정신이 건강할 수 있도록 관리하고 주변에서 관심을 갖는 다면 위기상황에서도 충분히 대처할 수 있다.

【교사용 참고자료 ①】

【 자살에 대한 진실 혹은 거짓 】

	문 항	진실 혹은 거짓
6	자살하려는 청소년들은 대부분 정신적 장애를 앓고 있다.	(거짓) ☞ 자살을 한 사람들 중 일부는 정신질환을 갖고 있는 것으로 나타났다. 그러나 자살하려는 행동이 단지 정신질환 때문에 생겨난 것은 아니다.
7	자살을 시도했던 청소년이 안정을 찾기 시작하면 안심해도 된다.	(거짓) ☞ 자살하려던 사람이 안정을 찾기 시작하면 주변 사람들은 안심하지만, 이때 자살하려던 사람은 문제와 두려움에서 완전히 벗어난 것이 아니므로 또 다시 자살시도를 할 수 있다. ☞ 기분이 좋아진 것으로 인해 자살시도를 할 에너지가 생길 수 있기 때문에 기분이 나아지기 시작할 때 더 관심을 가져야 한다.
8	대부분의 자살한 청소년들은 주변사람들에게 자신의 문제에 대해 도움을 요청한다.	(진실) ☞ 자살한 청소년들이 학교 친구들에게 자살 생각과 계획을 이야기했다는 증거가 많이 있다. 청소년들은 다른 사람에게 자신의 상황을 언어적으로 표현하기보다 비언어적인 몸짓으로 신호를 보내어 도움을 요청하는 경향이 있다.
9	자살은 유전된다.	(거짓) ☞ 가족 중에 누군가 자살로 죽었다면 유족들의 자살 위험성은 높다고 할 수 있다. 그러나 자살은 유전되는 것이 아니다.
10	자살을 생각하고 있는 청소년에게 관심을 기울여주면 자살예방에 도움이 된다.	(진실) ☞ 자살하려는 청소년들은 처음에 방어적이고 도움을 거부하지만, 사람들이 자신에게 관심을 갖고 도움을 줄 준비가 되어 있는지를 알아보기를 원한다. ☞ 대다수의 청소년들은 자신이 겪고 있는 심한 정서적인 고통이 끝나기를 바라는 것이지, 죽기를 원하지 않는다. 진심으로 자신에 대해 관심을 갖고 정서적으로 고통을 나누려 한다면 나중에 이것을 고맙게 생각할 것이다.

【교사용 참고자료 ②】

【 토론사례 】

사례	내 용	태 도
1	최근 인기 연예인 A양이 원인을 알 수 없는 자살을 했다. 이를 두고 사람들의 반응이 서로 다르다. 평소 A양을 좋아했던 팬들은 A양의 죽음을 추모하며 아쉬워한다. 자살로 죽었지만 그녀의 죽음은 아름답고, 다른 자살들과는 다르다는 반응이다. 한편 또 다른 사람들은 A양의 죽음이 자살이기 때문에 그리 아름다운 죽음은 아니며, 이를 아름다운 모습으로 여겨서는 안 된다고 말한다. 왜냐하면 청소년들이 자살에 대해 긍정적으로 생각하면서 유명 연예인의 죽음을 모방할 수도 있다고 보기 때문이다. A양의 자살에 대해 여러분은 어떻게 생각하나요?	자살은 어떤 이유에서건 옳은 방법이 아니며 결코 아름답게 표현되어서는 안 된다.
2	중학교 2학년인 선주네는 가정환경이 어렵다. 아버지는 알콜 중독이 있어 일을 나가시지 못하고, 술만 드시면 심한 욕과 함께 폭력을 휘두르신다. 이 때문에 어머니는 참다못해 6개월 전에 집을 나가셨다. 선주는 아버지의 폭력을 견디며 동생을 돌보는 것이 너무 힘들다. 집안이 가난한 것도, 속을 터놓고 이야기할 친구가 없는 것도 선주에게는 심한 스트레스이다. 요즘 들어 선주는 이런 환경에서 벗어나고 싶다는 생각이 점점 많아졌다. 선주는 '이젠 지긋지긋해! 날 힘들게 하는 이 세상에서 더 이상 살고 싶지 않아. 내가 죽어도 슬퍼해줄 사람은 아무도 없으니깐' 이라는 생각을 하게 되었다. 그래서 죽음으로써 현재 환경을 벗어나려고 생각하면서 오늘 밤 자살을 실행하려고 계획하고 있다.	어려운 환경에서 벗어나기 위한 방법으로 자살을 선택하는 것은 근본적인 해결책이 아니다.

【교사용 참고자료 ③】

【자살에 대한 올바른 태도】

	이런 생각을?	이렇게 바꿔보아요!
1	사람들은 자살을 할 권리가 있다.	사람은 그 자체로 의미 있는 존재이며 살아야 할 신성한 의무가 있다. 따라서 어떠한 이유로도 자살은 인간의 정당한 권리가 될 수 없다.
2	자살은 개인만의 문제이다.	자살은 개인만의 문제가 아니라 자신을 둘러싼 가족, 친구, 지역사회에 큰 영향을 미치는 위험 행동이다.
3	자살시도는 충동적인 행동이다.	자살시도는 충동적으로 발생할 수 있으나 그 위험 순간을 벗어나면 예방될 수 있다.
4	어려운 환경에 처해 있을 때는 자살이 유일한 해결책이다.	아무리 어려운 환경에 처해 있더라도 자살하면 안된다. 왜냐하면 죽음은 돌이킬 수 없기 때문이다. 그러므로 주위사람들로부터 도움을 받아서 해결하는 것이 최선책이다.
5	내가 죽어도 아무도 나에게 관심을 갖지 않을 것이다.	그렇지 않다. 여러분에 대한 사랑과 관심을 직접 표현하지는 않았지만 주변에는 여러분을 사랑하는 사람들이 많이 있다는 사실을 잊지 말아야 한다.

생명지킴이

<table>
<tr><th colspan="4">활 동 지 도 안</th></tr>
<tr><td>목 표</td><td>· 자살을 생각하거나 자살위험에 처한 친구들이 보내는 자살 위험 신호를 알 수 있게 한다.
· 자살생각이나 자살위험에 처한 친구를 돕는 적절한 방법을 찾을 수 있게 한다.</td><td>차시</td><td>6</td></tr>
<tr><td>준비물</td><td colspan="3">교재, 화이트보드, 보드펜, 규칙판, 점수판, 스티커, 동영상(미모사이야기), 슬라이드(①위험을 알아차리는 기술, ②생명지킴이 기술), 자살위험 신호카드</td></tr>
<tr><td>단 계</td><td colspan="3">진 행 절 차</td></tr>
<tr><td>1.
들어
가기
(5분)</td><td colspan="3">① 지난 시간 학습 내용을 간단히 정리하고, 이번 시간 학습 내용을 소개한다.
"지난 시간에는 자살에 대한 우리의 오해와 진실을 알아보고, 자살에 대한 올바른 태도가 무엇인지 얘기해 봤어요."
"오늘의 주제는 자살위험 신호예요. 자살을 생각하거나 자살위험에 처한 친구들은 긴급하게 도움이 필요해요. 그들이 보내는 위험 신호를 잘 알아내어 어떤 말과 행동으로 친구를 도울 수 있는지 생각해 보도록 해요."</td></tr>
<tr><td>2.
자살
위험
신호
알아
보기
(15분)</td><td colspan="3">① "미모사 이야기" 동영상을 보여준다.
② 교재에 있는 질문에 답하게 한다.
"여러분, 미모사이야기 잘 봤어요? 이제 교재에 있는 질문에 대해 모둠별로 이야기하고, 답변 내용을 정리해 보세요."
▸ 주인공이 죽기 전에 했던 말과 행동은(자살위험 신호) 무엇이었나요?
▸ 주인공이 죽은 후 주변 사람들(부모님, 친구들)의 반응은 어떠했나요?
▸ 자살위험 신호를 알았다면 어떤 말과 행동으로 주인공을 도울 수 있었을까요?
"고등학교 3학년인 송이는 가정형편이 어려워지고, 공부 잘 하는 언니와 비교되면서 그에 따른 스트레스와 우울한 감정이 쌓여갔고, 죽고 싶다는 말을 자주 하면서 자살을 생각했어요. 그리고 수첩에 수능일과 자신의 생일을 적어 넣고 유서를 써 놓는 등 자살을 미리 계획했었다는 것을 알 수 있어요. 송이가 보낸 자살위험 신호를 언어와 행동 부분으로 구분하여 찾아보세요."
③ 모둠별로 발표하게 한다.</td></tr>
</table>

단 계	진 행 절 차
3. 생명 지킴이 (20분)	① '자살위험을 알아차리는 기술' 슬라이드를 보면서 자살위험 신호를 설명 한다. ▸ 언어적 위험신호 : 생각과 감정의 변화 ▸ 행동적 위험신호 : 신체적인 변화, 행동의 변화 "자살생각이나 자살계획이 있는 사람들은 자신의 자살의도를 알리는 위험신호를 보내요. 어떤 위험신호는 알아차리기 힘들기도 해요. 그렇지만 그 신호가 무슨 뜻인지, 어떻게 나타나는지 이해한다면 도움을 주는 말과 행동으로 한사람의 소중한 생명을 구할 수 있어요." ② '생명지킴이' 활동을 한다. "생명을 존중하는 마음으로 친구를 돕는 또래상담자를 생명지킴이라고 해요. 여러분 교재를 보면 몇 가지 사례가 제시되어 있어요. 자살을 생각하는 친구들이 보내는 위험신호를 찾아보고 여러분 각자가 생명지킴이가 되어서 친구들을 도울 수 있는 말과 행동을 찾아보세요." **활동 Tip** ☞ 모둠별로 사례를 읽어보게 한다. ☞ 사례에 나타나는 자살위험 신호카드를 고른 후 보드판에 붙이게 한다. ☞ 사례의 주인공에게 도움을 줄 수 있는 말과 행동을 보드판에 적게 한다. ☞ 모둠별로 발표하게 한다. ③ '생명지킴이 기술' 슬라이드를 보면서 친구를 돕는 방법을 설명한다.

<table>
<tr><th>단 계</th><th>진 행 절 차</th></tr>
<tr><td>3.
생명
지킴이
(20분)</td><td><u>◎ 생명지킴이 기술 - 친구를 돕는 방법 ◎</u>
1) 말
(1) 지속적으로 격려하고 지지하는 말을 해준다.
(2) 고민과 스트레스에 대해 긍정적인 말을 해준다.
(3) '어른이 되었을 때, 지금 자신의 모습을 떠올려 보세요'라고 말한다.
(4) 과거의 성공했던 경험에 대해 말해보게 한다.
(5) 자신을 사랑하는 사람들에 대해 생각해보게 한다.

2) 행동
(1) 관심을 갖고 말 걸기
(2) 같이 어울리기(스포츠, 문화 활동, 동아리, 식사, 과제 등)
(3) 담임선생님과 상의하기
(4) 학교 과제에 대해 알려주기
(5) 문자메시지, 미니홈피, 메신저(버디버디, 네이트 등) 쪽지보내기</td></tr>
<tr><td>4.
정리
하기
(5분)</td><td>① 오늘의 활동을 정리하며 다음 시간의 내용을 소개한다.

"이번 시간에는 자살을 생각하거나 자살위험에 처한 친구들이 보내는 위험신호를 알아보고, 여러분 각자가 생명지킴이가 되어서 어떤 말과 행동으로 친구를 도울 수 있는지 연습해 봤어요.
자신의 얘기를 들어주는 친구의 진심어린 말 한마디가 삶의 변화를 일으킬 수 있어요. 여러분은 스스로 생명지킴이가 되어 다른 친구를 도와줄 뿐만 아니라 자기 스스로를 지킬 수 있어야 하겠지요.
다음 시간에는 다른 사람에게 도움을 요청하는 방법에 대해 알아볼 거예요."</td></tr>
</table>

【교사용 참고자료 ①】

【동영상 '미모사 이야기'】

주인공 송이 - 고3, 여, 수능시험 1교시 후 고사장을 나가 인근 아파트 18층에서 뛰어내려 자살함.
(송이는 아버지의 사업실패와 학업 스트레스로 인하여 수능시험 도중에 자살하게 됨)
어머니 - 공부 잘 하는 언니와 '송이'를 비교하는 말을 자주 하심.
아버지 - 사업에 실패함.
나레이션 - '송이'의 친한 친구, '송이'를 미모사에 비유하여 이야기를 들려줌.

▸ 주인공은 자살을 계획했었나요?

☞ 가정환경이 어려워지고 공부 잘 하는 언니와 비교되면서 그에 따른 스트레스와 우울한 감정이 쌓였고 , 죽고 싶다는 말을 자주 하게 되었음.

☞ 수첩 월간 계획란에 2003년 11월 5일 수능일과 자신의 생일인 1985년 8월 22일을 기록하고, 유서를 작성함

▸ 주인공이 죽기 전에 했던 말과 행동은 무엇이었나요?

위험신호		
언어적인 부분	· "차라리 죽어버리겠어." · "나는 아무짝에도 쓸모가 없어."	☞ 반복적인 자살 관련 말 ☞ 낮은 자존감
행동적인 부분	· 잘 웃지 않고 친구들과 이야기를 잘 안함. · 늘 중압감에 시달리는 얼굴 표정 · 급식을 조금만 먹음. · 잠을 잘 못자고 얼굴이 핼쑥해짐. · 수첩에 유서기록 · 자기가 아끼던 MP3를 친구에게 선물 · 친구들과 나눴던 편지를 모두 불에 태움.	☞ 교우관계의 단절 ☞ 불안과 초조 ☞ 식욕감퇴 ☞ 불면증, 체중감소 ☞ 유서, 자살계획 ☞ 물건정리 ☞ 주변정리

▸ 주인공이 죽은 후 주변 사람들의 반응은 어떠했나요?

☞ 친구들 : '송이' 의 영전에 편지를 씀. '미안하다, 사랑한다.'
(무관심했던 것에 대해 미안해함)

☞ 아버지 : 하루 일과를 마치면 송이 생각에 울먹임(자식 잃은 슬픔)

☞ 어머니 : 송이의 유품을 정리하지 못하고 계속 송이를 떠올림 (그리워함)

☺ 슬라이드 출처-'미모사 이야기'

"미모사 이야기"는 <대구방송>이 2004년 11월 방송한 2시간 분량의 2부작 라디오 다큐멘터리이다. 미국 여성언론인 연맹은 전 세계의 정치, 사회, 문화의 전반에 걸쳐 인류가 안고 있는 문제를 심도 있게 다룬 영화, 텔레비전, 라디오, 광고, 신문, 잡지 등을 대상으로 매년 각 부문에서 1개의 제작물을 뽑아 클라리온 상을 준다. 이 프로그램을 제작한 하헌목 프로듀서는 라디오 다큐멘터리 특집부분 수상자로 선정됐다. 우리나라에서는 하헌목 프로듀서가 처음 상을 받았다.

하헌목 프로듀서가 만든 '생명사랑을 위한 청소년 특별기획-미모사 이야기'는 최근 기록적인 증가율을 보이는 우리나라 청소년 자살문제를 사람의 손길에 민감하게 반응하는 식물인 '미모사'로 상징화해 5명의 자살 청소년들의 에피소드를 옴니버스 형식으로 제작됐다. 이 프로그램은 '청소년 자살=사회적 타살'이라는 관점으로 접근해 자살 청소년의 친구가 직접 내레이션을 해 현실감을 높였다는 평가를 받았다.

[출처: 한겨레 2005년 9월22일 기사 - 대구방송 '청소년 자살 다큐' 미국 언론상]

※본 슬라이드 동화는 라디오방송 "미모사 이야기"를 빌어 재구성한 것이다.

::조각상식::

미모사란[sensitive plant]?

신경초, 잠풀이라고도 한다. 브라질이 원산지인 관상식물로 원예에서는 한해살이풀로 취급한다. 전체에 잔털과 가시가 있고 높이가 30cm에 달한다. 잎은 어긋나고 긴 잎자루가 있으며 보통 4장의 깃꼴겹잎이 손바닥 모양으로 배열한다. 작은잎은 줄 모양이고 가장자리가 밋밋하며 턱잎이 있다.

꽃은 7~8월에 연한 붉은 색으로 피고 꽃대 끝에 두상꽃차례를 이루며 모여 달린다. 꽃받침은 뚜렷하지 않으며, 꽃잎은 4개로 갈라진다. 수술은 4개이고 길게 밖으로 나오며, 암술은 1개이고 암술대는 실 모양이며 길다.

열매는 협과이고 마디가 있으며 겉에 털이 있고 3개의 종자가 들어 있다. 잎을 건드리면 밑으로 처지고 작은잎이 오므라들어 시든 것처럼 보인다. 밤에도 잎이 처지고 오므라든다. 한방에서 뿌리를 제외한 식물체 전부를 함수초(含羞草)라는 약재로 쓰는데, 장염·위염·신경쇠약으로 인한 불면증·신경과민으로 인한 안구충혈과 동통에 효과가 있고, 대상포진에 짓찧어 환부에 붙인다.

(꽃말 : 나는 너만 사랑한다)

【교사용 참고자료 ②】

【생명지킴이 활동】

【사례 1】

기말고사에서 성적이 많이 떨어진 후 말수도 적어지고 심각한 얼굴 표정으로 '희망이 없어... 죽고 싶다...'라고 혼잣말하는 친구

☞ 시험 스트레스로 말수도 적어지고 늘 심각한 얼굴 표정
성적을 비관하며 '희망이 없어, 죽고 싶다.'라고 혼잣말

자살 위험 신호	도움 되는 말/ 행동
① 말수가 적어짐. ② 심각한 얼굴 표정을 자주 지음 ③ "희망이 없어. 죽고 싶다."	①"무슨 고민이 있니?" 말을 걸어본다. ②"넌 할 수 있어, 이번엔 잘 안됐지만 다음엔 잘 할 수 있을 거야"

【사례 2】

방과 후 학교 근처 한적한 공터. 아이들에게 둘러싸여 협박과 폭행을 당하고 있는 친구. 매일 당하는 학교폭력으로 울먹이며 하는 말 '이렇게 맞고 살 바에는 차라리 없어지는 게 나아. 나는 너무 보잘 것 없고 초라해'라고 말하는 친구

☞ 상습적인 폭행, 협박, 왕따에 시달려 울먹임.
'이렇게 맞고 살 바에는' 죽음에 대한 생각이 엿보임.
'차라리 없어지는 게 나아'라고 하면서 자신에 대한 비관으로 현실도피를 생각함.
'나는 너무 보잘 것 없고 초라해' 라는 말을 통해 낮은 자존감이 드러남.

☞ 낮은 자존감 - 가난, 외모, 성적, 재능, 힘이 없다고 비관하는 경우

자살 위험 신호	도움 되는 말/ 행동
① "차라리 없어지는 게 나아" ② 폭행 흔적 ③ 말이 없어지고 선생님과의 접촉과 눈길을 피함.	①"정말 많이 힘들겠구나." ②"나랑 함께 이야기하며, 상의해보자" ③ 담임, 상담선생님, 지역사회청소년 전문가와 상의해본다. ④지속적인 격려와 지지를 표현한다.

【사례 3】

제일 친하다고 생각한 친구가 "너 같은 애는 처음 봤다...", "왜 사니?" 라는 말을 하고 다른 친구랑 자꾸 어울려서 자신에 대해 험담할 때 죽고 싶을 만큼 괴로웠다.

☞ 친구에 대한 배신감, 주변으로부터 수치심과 모욕감을 느낄 때
다른 사람의 말에 민감하게 반응
교우관계가 좋지 못함
사소한 일에도 지나친 자책감을 느낌

자살 위험 신호	도움 되는 말/ 행동
① 혼자 울먹거리거나 심각한 표정으로 앉아있음. ② 아이들에게 자주 신경질을 냄. ③ 친했던 친구한테 사소한 트집을 잡거나 싸우게 됨.	①"무슨 고민이 있니?" 말을 걸어본다. ②"정말 많이 힘들겠구나." ③"그 친구가 너가 싫어서 한 얘기가 아니라 오해해서 그럴 수도 있어." 하며 그 이유를 확인해 보도록 격려 한다. ④"너에게도 장점이 많아. 너는 멋진 애야! 앞으로 좋은 친구를 많이 사귀게 될 거야."라고 격려해 준다. ⑤"네게 단점이 있다면 함께 이야기하며 고쳐나가자."

【사례 4】

술에 취해 늦게 집에 들어와서 욕을 하며 물건을 부수고 어머니를 때리고 자신에게 고래고래 소리를 지르는 아버지가 너무너무 밉고, 그렇게 사는 게 싫다는 친구

☞ 가정폭력 상황에 대한 분노, 아버지를 미워함.
생활에서 심한 스트레스를 받고 사는 게 싫다고 말함.

자살 위험 신호	도움 되는 말/ 행동
① 우울하면서도 격앙된 얼굴 표정을 자주 함. ②가족에 대한 언급을 회피함. ③아버지, 또는 아버지와 비슷한 나이의 선생님이나 어른들에게 공격적이고 반항적인 말이나 행동을 함.	①"네가 많이 힘들고 괴롭겠다. 친구야! ②담임, 상담선생님, 지역사회 전문가와 상의한다.

【교사용 참고자료 ③】

【청소년 자살 위험 신호】

1) 말

(1) 반복적이고 자주 자살하겠다고 말을 하거나 위협을 한다.

(2) 자살에 대해 미화하거나 긍정적으로 표현한다.

(3) 심한 우울과 불안함을 호소한다.

(4) 사소한 일에도 과도한 자책감과 죄의식을 표현한다.

(5) 주의 집중의 어려움과 우유부단함을 호소한다.

(6) "내가 없어지는 것이 훨씬 나아", "나는 아무짝에도 쓸모없어"라는 등의 자기 비하적 표현을 자주 한다.

2) 행동

(1) 일상 활동에서 흥미와 즐거움이 상실되고 활기가 없어진다.

(2) 불면증으로 2-3일 이상 잠을 자지 못해 학교에서 멍하게 앉아있거나 엎드려 있어 정상적인 수업 집중과 원만한 교우관계가 형성되지 않는다.

(3) 행동이 지체되어 매우 느리고 둔하거나 반대로 매우 초조하고 안절부절 못한다.

(4) 급격한 식욕감퇴, 체중감소가 있거나 반대로 지나친 식욕증가와 체중증가가 있다.

(5) 교우관계가 잘 안되고, 고립되어 일상적인 대화조차도 회피하게 된다.

(6) 중요한 소유물(일기장, 노트, 메모지)을 남에게 주거나 주변 정리를 한다.

(7) 인터넷 자살사이트에 심취해서 자주 그 사이트에 방문하거나 글을 남긴다.

(8) 부모나 어른들 몰래 약을 사 모으거나, 위험한 물건을 감추어 둔다.

3) 상황

(1) 생활상의 심한 스트레스

예) 부모의 이혼이나 불화, 성적부진, 친구들의 집단 따돌림

(2) 친구, 부모나 가족 중에 자살경험이 있을 때

【교사용 참고자료 ④】

【생명 지킴이 기술 : 친구를 돕는 말과 행동】

1) 말

(1) 친구에게 지속적으로 격려와 지지를 표현한다.

☞"너는 할 수 있어. 혹시 이 과목에서 잘 안된다면, 다른 과목에서 잘 할 수 있을 거야"

(2) 그들의 고민과 스트레스에 대해 먼저 존중하고, 긍정적인 말을 많이 하도록 한다.

☞"정말 많이 힘들겠구나...", "네 입장이 이해가 간다."
"나랑 함께 이야기 하며, 마음이라도 풀어보자."

(3) 10년, 20년 후에 어른이 되었을 때, 지금의 우리 모습을 상상해 보도록 한다.

☞"지금은 너무 힘이 들고 괴롭겠지만, 네가 10년·20년이 지나 어른이 되어 지금의 너를 생각해 보면 웃음이 날 수도 있을 거야. 아무 것도 아니고, 노력하면 될 일을 그 때는 왜 그렇게 심각했는지 하고 생각할 수 있지 않을까?"

(4) 과거 유사한 경우의 성공경험에 대해 떠올려 보게 한다.

☞"혹시 네가 과거에 이런 스트레스를 받았을 때, 그런대로 잘 헤쳐 나간 적이 있었니?, 있었으면 그 때를 떠올려 보면서, 어떻게 현재의 스트레스들을 과거처럼 잘 헤쳐 나갈 수 있을지 생각해 보면 좋겠어."

(5) 자신을 사랑하는 사람들에 대해 떠올려 보게 한다.

☞"네가 참 힘들고 괴롭다는 것이 이해가 돼. 하지만 너를 사랑하는 부모님, 형제, 친구들을 생각해 보면 좋을 것 같아. 그들을 위해서라도 힘을 내면 좋겠어.."

2) 행동

(1) 혼자 있고, 뭔가 괴로워하는 친구들에게 관심을 갖고 말을 걸어보게 한다.

(2) 우울하고 힘들어 하는 친구들에게 함께 놀러가자고 권유해 본다.

(3) 우울한 친구들과 관심을 갖고 대화를 하다가 심각한 가정문제와 스트레스가 있음을 알게되어, 어른들의 도움이 필요할 때에는 담임선생님이나 상담교사와 상의해 본다.

(4) 힘들고 괴로워 보이는 친구들과 하루에 10분만이라도 대화해 보고, 함께 있으면서 간단한 놀이를 해 본다.

(5) 우울한 친구에게 숙제나 과제물에 대한 메모를 써주거나, 다시 한 번 알려주어 학업준비 때문에 당황하거나 선생님께 혼나지 않도록 돕는다.

(6) 좋은 글이나 내용의 문자메시지를 보내고 메일이나 쪽지를 보낸다.

【교사용 참고자료 ⑤ –준비물 제작 】

【 자살위험신호카드 】

☞ 모둠별로 카드를 제공할 수 있도록 준비한다.

말수가 적어짐	혼자 올먹거리거나 심각한 표정으로 앉아있음
"희망이 없어. 죽고 싶다" 는 말을 함	친구들에게 자주 신경질을 냄
심각한 얼굴 표정을 자주 지음	친하던 친구에게 사소한 트집을 잡거나 싸우게 됨
"차라리 없어지는 게 나아" 라는 말을 함	우울하면서도 화가 난 얼굴 표정을 자주 함
폭행 흔적이 보임	가족에 대한 이야기를 하지 않음
말이 없어지고 선생님과의 접촉과 눈길을 피함	어른에게 공격적이고 반항적인 말이나 행동을 함

소중한 나, 혼자가 아니야!

<table>
<tr><th colspan="4">활 동 지 도 안</th></tr>
<tr><td>목 표</td><td>· 자살위험이 발생했을 때 주변에 도움을 구하는 방법을 알게 한다.
· 학생 주변에 도움을 얻을 수 있는 자원망을 탐색하게 한다.</td><td>차시</td><td>7</td></tr>
<tr><td>준비물</td><td colspan="3">교재, 화이트보드, 보드펜, 규칙판, 점수판, 스티커, 영상물(내 친구 소중이), 슬라이드(난 혼자가 아니야!), 청소년상담기관 목록, 도움 찾기 주사위, 가위, 풀</td></tr>
<tr><th>단 계</th><th colspan="3">진 행 절 차</th></tr>
<tr><td>1.
들어
가기
(5분)</td><td colspan="3">① 지난 시간 학습 내용을 정리하고 이번 시간 학습 내용을 소개한다.

"지난 시간에는 자살 위험신호를 알아보고 자살 위험에 처한 친구에게 관심과 도움을 주는 생명지킴이 활동을 해봤어요"
"우리는 살아가면서 여러 가지 어려운 상황에 처하기도 하는데, 혼자서 해결하기 어려울 때가 있어요. 자신의 힘만으로 안 될 때는 누군가의 도움을 받아야 해요 그래서 이번 시간에는 주변에 도움을 구하는 방법을 배워보기로 해요.</td></tr>
<tr><td>2.
도움
찾기
게임
(30분)</td><td colspan="3">① 영상물 '내 친구 소중이'를 본다.

"소중이는 학급에서 다른 친구에게 괴롭힘을 당하고 있어요. 힘들고 어려운 상황이지만 혼자서 끙끙 앓기만 하고 다른 사람에게 도움을 구하지 못하고 있어요. '소중이'에게 일어났던 일들은 우리에게도 일어날 수 있는 일이예요. 자신에게 어려운 일이 생기거나 위급한 상황이 생기게 되면 주위에 도움을 요청하세요. 도움을 받는 것은 부끄러운 일이 아니라 자신과 모두를 위해서 필요한 일이에요"

② 도움 찾기 지도 만들기를 진행한다.

"우리가 힘들 때 도와 줄 수 있는 곳들이 우리 주변에는 많이 있답니다. 이제부터 도움찾기 지도를 해 볼 거예요. 나와 가깝게 지내는 사람들 중 어떤 사람들이 나를 도와 줄 수 있는지 찾아보도록 해요. 여러분 교재에 있는 도움 찾기 지도에 실제로 도움이 되는 사람들의 이름을 적어보도록 해요"</td></tr>
</table>

단 계	진 행 절 차
2. 도움 찾기 게임 (30분)	**③ 도움 찾기 주사위 게임을 진행한다.** "도움 찾기 게임을 통해 어려운 상황에서 다른 사람에게 도움을 구하는 방법을 찾아보도록 해요." ☞ 도움찾기 지도에 있는 각 대상에게 소중이가 어떠한 말과 행동으로 도움을 요청할 수 있는지 적어보게 한다. ☞ 각 모둠의 대표가 나와서 주사위를 굴린다. ☞ 대표가 속해 있는 모둠은 주사위를 굴려서 나온 면에 있는 대상에 대해 도움 찾기 지도에 적은 내용을 발표하도록 한다. ☞ 주사위를 굴려 '꽝'이 나오면 벌칙으로 '도와주세요요!'라고 세 번 외친다. **활동 Tip** ☞ 도움을 구하는 것은 부끄러운 것도 아니고 문제해결을 위한 지혜로운 선택임을 말해준다. ☞ 발표를 잘 한 모둠에게 스티커를 준다. **④ '나만의 도움 찾기 주사위'를 만들어 본다.** ☞ 학생용 교재 별지 1"나만의 도움 찾기 주사위"용지를 이용해 주사위를 만든다. ☞ 시간이 허락하지 않으면 진행하지 않는다.

단 계	진 행 절 차
3. 정리 하기 (10분)	① 슬라이드 '난 혼자가 아니야'를 보면서 도움을 구하는 말과 행동에 대해 알아보고 도움을 받을 수 있는 기관의 연락처를 알아본다. ❦ **진행 Tip** ❦ ☞ 도움을 받을 수 있는 기관 목록을 만들어 학생들이 실제로 활용할 수 있도록 준비한다. ☞ 도움 찾기 구호를 함께 외쳐본다. ❦ 도움 찾기 구호 ❦ 난 - 소중한 사람이다! 혼 - 자가 아니야! 자 - 신의 몸과 마음을 건강하게 가꾼다! 가 - 족과 친구에게 고민을 얘기한다! 아 - 주 어려운 문제도 해결할 수 있다! 니 - 마음을 알아줄 선생님이나 전문가를 찾자! 야 - ! (다짐) ② 다음 시간에 학습할 내용을 소개한다. "다음 시간에는 지금까지의 활동을 정리하고 생명존중 서약을 통해서 생명존중에 대한 다짐을 해볼 거예요."

【교사용 참고자료 ①】

【 슬라이드 '내 친구 소중이' 】

소중이는 조용한 성격에 말도 별로 없고 행동도 조심스럽다.

그래서 인지는 잘 모르겠지만 평소에 친구들과도 잘 어울리지 못하고 자신의 얘기를

잘 못하는 편이다. 이런 소중이를 반 아이들은 많이 무시하고 괴롭힌다. 소중이가 쓰던 볼펜을 친구가 빌린다고 하고서 안 준지가 일주일이 넘게 되어 소중이는 망설이다가 결국 볼펜을 돌려 달라고 개미만한 작은 목소리로 말했다. 하지만 친구는 볼펜을 주기는커녕 소중이를 무시했다.

수업시간에도 그게 계속 신경이 쓰여서 선생님이 칠판을 보고 있는 사이 친구에게 볼펜을 달라고 했다. 근데 마침 선생님이 돌아서더니 소중이와 그 친구를 지적하면서 둘을 혼내시고 복도에 나가서 손들고 있으라고 했다. 소중이는 뭐라고 상황에 대해 얘기도 못하고 복도에 나가서 벌을 섰다.

학교가 끝나고 집으로 가는 길이 무겁다. 언제나처럼 집에는 아무도 없고 혼자 밥을 챙겨먹어야 하기 때문이다. 부모님이 맞벌이로 바쁘시기 때문이다.

밤늦게 부모님이 오셨는데도 인사도 안하고 방안에 틀어박혀서 이불을 뒤집어쓰고 혼자서 화를 삭이고 있다. 부모님이 계속 말을 걸어보려고 해도 들은 체도 하지 않는다.

소중이는 혼자서 죽고 싶다는 생각을 수없이 되뇌면서 잠이 들었다.

다음날, 소중이의 친구가 소중이를 걱정하며 상담선생님을 찾아가고, 상당선생님이 소중이를 부른다.

소중이의 표정을 본 상담선생님이 소중이에게 무슨 고민이 있느냐고 물으셨다.

이제부터 문제는 해결된다.

【교사용 참고자료 ②】

【 도움 찾기 지도 】

* 타인에게 도움을 구하는 말이나 행동

♡ 친구

☞ "내 얘기 좀 들어줄 수 있니? 이런 얘기하기 하기 정말 힘들다.
내가 ....해서. 정말 힘들어! 너라면 이럴 때 어떻게 하겠니?"

▶ **친구에 대해 신뢰하는 마음, 시간적인 여유에 대해서 물어봄.
친구관계가 깨어질 것을 걱정하기 보다는 대화로 풀어나가도록 지도**

♡ 선생님

☞ "저, 고민이 있는데요. .... 해서, 제가 정말 힘들어요!
이럴 때 어떻게 하면 좋을까요?"

▶ **선생님에 대한 신뢰하는 마음, 예의바른 행동으로 도움을 구하고 말하는 기술과 태도를 갖도록 지도**

♡ 가족

☞ "엄마! 저 얘기할게 있어요. 사실은 .... 해서 너무 힘들어요.
죄송해요. 하지만 의논드리고 싶어요."

▶ **부모님에 대해 신뢰하는 마음을 갖고 함께 대화하며 해결책을 찾도록 지도**

♡ 지역사회(상담)기관

☞ "00상담소죠?, 저, 고민이 있어 전화했어요. 사실은 .... 일이 있었는데, 어떻게 해결해야 할지 고민이 돼서 전화했어요."

▶ **혼자 고민하고 괴로워하기보다 지역사회자원을 잘 활용해서 효율적인 해결책을 찾도록 지도**

♡ 청소년 상담 전문가

☞ 학교 상담실이나 상담교사(사회복지사, 상담사, 전문상담교사 등)에게 적극적으로 도움을 요청한다.

▶ **학교나 주변의 상담전문가에게 자신의 문제에 대한 도움을 구하도록 지도**

【교사용 참고자료 ③】

【 도움 찾기 구호 】

◐ **첫째,**

난 - 소중한 사람이다!

☞ 자존감 향상과 자기 사랑에 대한 필요성과 중요성을 강조하고 인식시킴.

◐ **둘째,**

혼 - 자가 아니야!

☞ 어려울수록 혼자 해결하려 하지 말고 다른 사람과 함께 해결할 수 있도록 교육과 지도

◐ **셋째,**

자 - 신의 몸과 마음을 건강하게 가꾼다!

☞ 평소 적절한 운동과 정신수양 등으로 자기관리를 하도록 함.

◐ **넷째,**

가 - 족과 친구에게 고민을 얘기한다!

☞ 신뢰할 수 있는 사람에게 어려움을 이야기하고 털어놓을 수 있게 함.

◐ **다섯째,**

아 - 주 어려운 문제도 해결할 수 있다!

☞ 문제 해결에 대한 동기와 의욕을 촉진시키고 여러 가지 방법이 있음을 제시함.

◐ **여섯째,**

니 - 마음을 알아줄 선생님이나 전문가를 찾자!

☞ 교사나 전문가 등을 통해 보다 합리적이고 적절한 해결책을 찾도록 유도함.

◐ **일곱째,**

야 - !(다짐)

☞ 항상 긍정적인 마음과 삶을 사랑하는 태도를 갖도록 함.

【교사용 참고자료 ④】

【 청소년 상담관련기관 및 사이트 】

♧ 관련서적

제 목	저 자	연 도	출판사
자살, 예방할 수 있다.	박상칠, 조용범 공저	1998	학지사
자살예방상담전문가 교육	한국생명의전화 자살예방센터	2003	제1기 자살예방 상담가 교육 교재
되는 일이 없어요?	김학수	2004	예영커뮤니케이션
자살하고 싶을 때	Thomas E. Ellis & Cory F. Newman	2005	학지사
돌이킬 수 없는 결정, 자살	Paul G. Quinnett	2006	학지사

♧ 상담관련기관

	기관명	전 화 및 인터넷 사이트	
위기 상황 일 때	한국생명의전화	1588-9191	http://lifeline.or.kr/
	헬프콜 청소년전화 청소년(상담)지원센터	1388	http://www.1388.or.kr/
	수원시 자살예방센터	031-228-7942	http://www.csp.or.kr/
	생명의전화 자살예방센터	온라인 상담	http://www.savelife.or.kr/
	한국자살예방협회	02-413-0892	http://suicideprevention.or.kr/
청소년 상담	시·도 지역 정신보건센터	1577-0199	http://suicide.or.kr/
	한국청소년상담원	02-2231-2000	http://www.kyci.or.kr/
	자녀안심하고 학교보내기 운동	02-2453-5227	http://www.1318love.net/
	YMCA청소년상담네트워크	02-2677-9220	http://counsely.ymca.or.kr/
	청소년폭력예방재단	02-585-0098	http://www.jikim.net/
	서울특별시 학교보건원	02-3999-540	http://www.bogun.seoul.kr/
	카운피아	02-792-6637	http://counpia.com/

생명존중 서약

<table>
<tr><th colspan="4">활 동 지 도 안</th></tr>
<tr><td>목 표</td><td>· 생명을 존중해야 하는 이유를 스스로 깨달을 수 있게 한다.
· 삶의 이유와 가치를 발견하고 생명존중의 가치를 실천할 수 있게 한다.</td><td>차시</td><td>8</td></tr>
<tr><td>준비물</td><td colspan="3">교재, 화이트보드, 보드펜, 점수판, 스티커, 슬라이드(생명을 존중하는 사람들), 나나애(愛)나무, 하트메모지, 풀, 프로그램 평가서, 선물, 간식</td></tr>
<tr><td>단 계</td><td colspan="3">진 행 절 차</td></tr>
<tr><td>1.
들어
가기
(5분)</td><td colspan="3">① 지난 시간 학습 내용을 정리하고 이번 시간 학습 내용을 소개한다.

“지난 시간에는 자살위험이 발생했을 때 주변에 도움을 구하는 방법에 대해 구체적으로 알아봤어요. 오늘은 생명존중 프로그램의 마지막 시간이에요.
지난 시간들을 진행해 오면서 우리 자신은 소중한 존재이고 사랑과 관심으로 자라왔음을 알게 되었어요. 또한 청소년자살과 자살위험신호를 알아보면서 여러분들은 스스로 몸과 마음을 지킬 수 있을 뿐만 아니라 주변에 도움을 구할 수 있게 되었어요. 그래서 이제 여러분들은 다른 친구가 어려움에 빠져 있을 때 도움을 줄 수 있는 생명지킴이들이예요.
오늘은 전체 프로그램 내용을 돌아보면서 느꼈던 점을 나눠볼 거예요. 그리고 소중한 나 자신의 생명을 존중하고 다른 사람의 생명을 존중하겠다는 ‘생명존중 서약’을 하면서 프로그램을 마무리하겠어요.”</td></tr>
<tr><td>2.
나나애
나무
만들기
(20분)</td><td colspan="3">① “생명을 존중하는 사람들” 슬라이드를 보여준다(5분).

☞ 루게릭병에 걸렸으나 우주의 수수께끼를 풀고자 최선을 다한 <u>스티븐 호킹 박사</u>
☞ 보고, 듣고, 말할 수 없는 많은 장애를 가졌지만 세상 사람들에게 행복과 사랑의 메시지를 전파한 <u>헬렌켈러</u>
☞ 불운의 사고로 하반신 장애를 입었음에도 불구하고 자신의 인생에 최선을 다해 꿈을 이룬 <u>클론의 강원래</u>

“생명을 존중하는 마음은 바로 자기 자신을 사랑하고 삶을 위해 용기를 내는 거예요. 자기 자신의 생명을 존중하는 것은 곧 나 자신을 사랑하는 거예요.”</td></tr>
</table>

<table>
<tr><th>단 계</th><th>진 행 절 차</th></tr>
<tr><td>2.
나나애
나무
만들기
(20분)</td><td>② 나나애(愛) 나무를 만든다.

"이 나무의 이름은 나나애(愛) 나무예요. '나는 나를 사랑한다'라는 뜻을 가졌어요. 이 나무에 "나 자신이 살아야 할 이유"를 붙여 볼거예요.
이 세상을 살아가야 할 이유는 여러분들 각자 다를 거예요. 여러분들만의 살아야할 소중한 이유 세 가지를 생각해보세요. 그리고 나눠주는 메모지에 그 이유를 적어보세요."
"이제 모둠별로 나와서 메모지를 나무에 붙여 보기로 해요."

❦ 활동 Tip ❦

☞ 칠판에 나나애 나무를 붙인다.
☞ 메모지를(하트모양, 사과모양 등) 학생들에게 나누어 준다.
☞ 메모지에 자신의 이름을 적는다.
☞ 생명을 존중하는 마음으로 '나 자신이 살아야 할 이유'를 적어 보게 한다.
☞ 모둠별로 나와서 메모지를 나나애 나무에 붙이게 한다.

③ 지도자가 선별하여 좋은 내용을 소개한다.
☞ 세상을 살아가야 할 이유는 다양하며, 결국 자신이 삶의 이유와 가치를 발견해 가는 것임을 말해 준다.</td></tr>
<tr><td>3.
생명존중
서약식
(15분)</td><td>① 생명존중 서약을 한다.

"꼭 살아야 할 이유가 너무 많네요. 여러분들이 스스로를 얼마나 사랑하고 소중하게 여기는지를 알 수 있었어요. 자, 이제부터 '생명존중 서약'을 하려고 해요. 이 의식은 나의 생명을 소중하게 생각하고 존중하겠다는 약속을 모두 앞에서 하는 거예요."

❦ 활동 Tip ❦

☞ 서약서에 자신의 이름과 오늘 날짜를 적게 한다.
☞ 서약에 앞서 서약서 내용을 모두 함께 읽어본다.
☞ 모두 일어나서 선서를 하는 것처럼 서약을 한다.

"이제 여러분은 나 자신의 생명을 소중하게 생각하고 존중하며 절대로 자살하지 않을 것을 반 친구들과 선생님 앞에서 약속했어요. 앞으로 자신의 생명을 존중하고 나아가 다른 사람의 생명을 존중하는 여러분이 될 것이라고 믿어요."

❦ 진행 Tip ❦
☞ 서약을 할 때 엄숙한 분위기 조성을 위해 음악을 틀어도 좋다.
☞ 생명존중 서약이 너무 장난처럼 되지 않도록 주의 한다.
☞ 진행자는 한사람, 한사람이 소중하다는 것을 생각할 수 있도록 분위기를 조성한다.</td></tr>
</table>

단계	진 행 절 차
4. 정리 하기 (5분)	① **프로그램 평가서를 작성하고 전체 8회기 동안 활동한 소감을 나눈다.** ② **'생명존중'에 대해 다시 한번 강조하며 전체를 마무리한다.** "8회기에 걸쳐 여러분과 함께 한 시간은 매우 의미 있는 시간이었어요. 우리가 평소에 깊이 생각하지 못했던 생명존중에 대해 친구들과 함께 생각해보면서 여러분 한 사람 한 사람 모두가 사랑받아 마땅한 소중한 존재이고, 결코 자신의 생명을 함부로 할 수 없는 존귀한 존재라는 것을 알게 되었어요. 여러분은 이제 생명을 소중히 여기지 않거나 자살에 대해 생각하는 친구들이 위험 신호를 보낼 때 생명지킴이로서 멋지게 도와 줄 수 있을 거라고 생각해요." "그리고 여러분 모두가 생명을 존중하고 자살을 예방할 수 있는 생명지킴이가 될 거라 믿어요. 그동안 수고 많았어요"
	진행 Tip ☞ 전체 시상식과 기념사진을 촬영한다. ☞ 소감을 나눈 후 준비한 간식을 먹는다.

III. 학생용

내 생명 소중하게 가꾸기
(Loving My Life)

삼성사회정신건강연구소

한국생명의전화 자살예방센터

첫 번째 시간

세상과의 특별한 만남

☆ 목표

1. 생명존중 프로그램의 취지와 필요성을 안다.
2. 우리 모두는 세상에 태어난 목적이 있고, 의미 있는 존재임을 안다.

약. 속. 해. 요~

<함께 읽어 보면서 약속합시다!>

★ 우리 반 친구들이 앞으로 함께 할 프로그램의 이름은

____________________ 프로그램입니다.

★ 이 프로그램은 매주 _____ 요일 _____ 교시 _____ 시간 을 통해서 8주 동안 진행 됩니다.

★ 우리의 규칙은 아래와 같습니다.

☞ 규칙 1.
'○○○ 죽겠어'란 말 사용하지 않기

☞ 규칙 2.
바르고 고운 말 사용하기(욕, 은어 사용하지 않기)

☞ 규칙 3.
친구들의 다양한 의견을 경청하고 존중하기

☞ 규칙 4.

____

★ 나는 이 프로그램의 규칙을 지킬 것을 약속합니다.

학교 학년 반

성명 : (서명)

세상에서 가장 아름다운 순간 "탄생"

♠ 영상을 보고 난 후의 느낌 또는 10여 년 전에 태어난 나 자신에게 하고 싶은 메시지를 적어 보세요 .

여러분이 생각하는 "생명"의 정의를 내려 보세요.

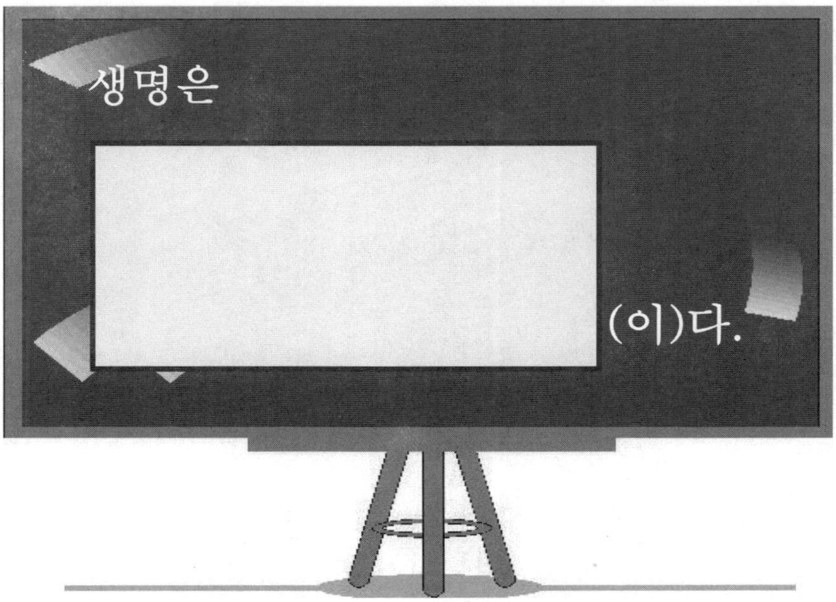

나는 나를 사랑합니다.

"내가 나를 사랑하는 이유를 친구들과 공유하는 시간이에요. 아래에 있는 그림 안에 자신의 이름을 적어보고 그 뜻을 써 보세요. 각자의 이름에는 소중한 의미가 담겨져 있답니다. 나의 긍지 찾기를 차례대로 완성해 보세요.

나는 나를 사랑합니다.

1. 이름과 그 의미는 ?

2. 나의 장래희망은 ?

3. 가정생활에서 나의 장점은?

4. 내가 가장 행복한 순간은 ?

5. 내가 잘하는 것은 ?

6. 자랑하고 싶은 나의 모습은 ?

★ 이번 시간을 통해 새롭게 알게 된 점이나 느낀 점을 적어주세요.

두 번째 시간

사랑으로 자라다

☆ **목표**

1. 우리가 사랑과 관심을 받았던 순간을 기억하고 감사하는 마음을 갖는다.
2. 우리는 사랑과 보살핌으로 살아가는 존재임을 안다.

이번 시간에는 우리가 지금까지 어떻게 살아왔는지, 자신의 삶을 되돌아보는 시간을 가져보려고 해요. 여러분을 사랑하는 사람들은 누구일까요?

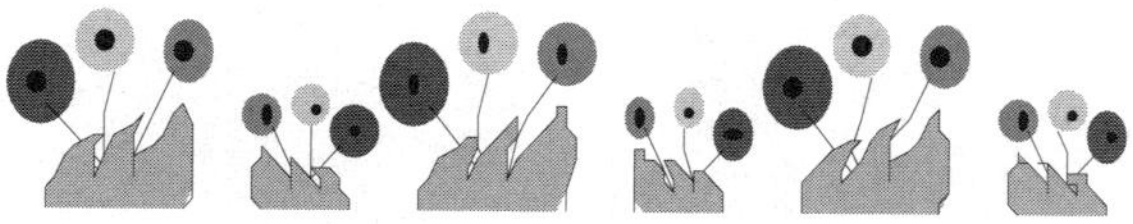

함께 볼 영상은 우리들이
지금까지 살아오면서 주위 사람들의 사랑, 관심,
그리고 보살핌이 있었다는 것을 보여줄 거예요.
언제 그러한 일들이 있었는지
함께 살펴봅시다.

친구야!
생활해오면서
다른 사람으로부터
도움을 받았던 것 중에 가장
기억에 남는 게 뭐가 있니?

상황1 - 나의 생일

* 여러분의 생일 파티 중 가장 기억에 남고 친구들에게 사랑받았다고 생각되는 상황을 떠올려 보세요.

* 내 생에 최고의 생일파티는 언제였고 어떤 일이 있었나요?

언제?

어디서?

누구랑?

어떤 일이 있었지?

그래서 어땠니?

* 모둠원 모두에게 역할이 주어지도록 하세요.
* 모둠별 발표시간은 3분 이내로 하세요.

상황2 - 내가 아플 때...

* 아파서 누워 있을 때, 어떤 말이 가장 위로가 되었나요? 기억을 떠올려 보세요.

*** 아팠거나 병원에 입원했을 때, 가장 위로가 되었던 사람과 위로의 말은 무엇이었나요?**

언제?

어디서?

누구랑?

어떤 일이 있었지?

그래서 어땠니?

* 모둠원 모두에게 역할이 주어지도록 하세요.
* 모둠별 발표시간은 3분 이내로 하세요.

상황3 – 나 심각한 고민이 생겼어

* 친구들과 고민을 나누면서 마음이 편해졌던 경험이 있나요?
  그때 친한 친구와 얘기했던 기억을 떠올려 보세요.

*** 고민이 있었을 때 친구나 주위 사람으로부터 도움을 받은 적이 있었나요?**

언제?

누구?

무슨 일 때문에?

어떤 도움을 받았지?

그래서 어땠니?

* 모둠원 모두에게 역할이 주어지도록 하세요.
* 모둠별 발표시간은 3분 이내로 하세요.

상황4 - 엄마, 아빠 미안해요.

* 부모님께 잘못을 저지르고 미안한 마음을 가져본 적이 있나요? 그럴 때 부모님이 내 얘기를 잘 들어주시고 용서해 주시면 마음이 어떤가요?

*** 부모님께 잘못을 저지른 후 용서 받은 적이 있었나요?**

언제?

어떤 잘못을 했지?

부모님이 뭐라고 하셨어?

그래서 어땠니?

* 모둠원 모두에게 역할이 주어지도록 하세요.

* 모둠별 발표시간은 3분 이내로 하세요.

상황5 - 감사합니다

* 어려운 일이 생겼을 때 주변 사람들로부터 도움을 받은 적이 있나요?
어떤 마음이 들었나요?

*** 주변 사람들로부터 도움을 받았던 소중한 경험이 있었나요?**

언제?

어디서?

누구로부터?

어떤 일이 있었지?

그래서 어땠니?

---

* 모둠원 모두에게 역할이 주어지도록 하세요.
* 모둠별 발표시간은 3분 이내로 하세요.

상황6 - 선생님~ 고맙습니다!

* 우리를 혼내시고 잔소리 하시는 선생님이 때로는 싫지만 그래도 우리를 위해서 그렇게 하셨다는 것을 알아요. 선생님 고맙습니다.

*** 어려운 상황에서 선생님으로부터 도움을 받아 문제를 해결한 적이 있었나요?**

언제?

어디서?

누구(선생님)?

어떤 일이 있었지?

그래서 어땠니?

* 모둠원 모두에게 역할이 주어지도록 하세요.
* 모둠별 발표시간은 3분 이내로 하세요.

상황7 - ______________________________

* 앞의 여섯 가지 상황들과는 다른 관심과 사랑을 받았던 경험을 직접 써보세요.

언제?

어디서?

누구?

어떤 일이 있었지?

그래서 어땠니?

* 모둠원 모두에게 역할이 주어지도록 하세요.
* 모둠별 발표시간은 3분 이내로 하세요.

♣ 오늘 프로그램을 마치면서 느낀 점을 적어봅시다.

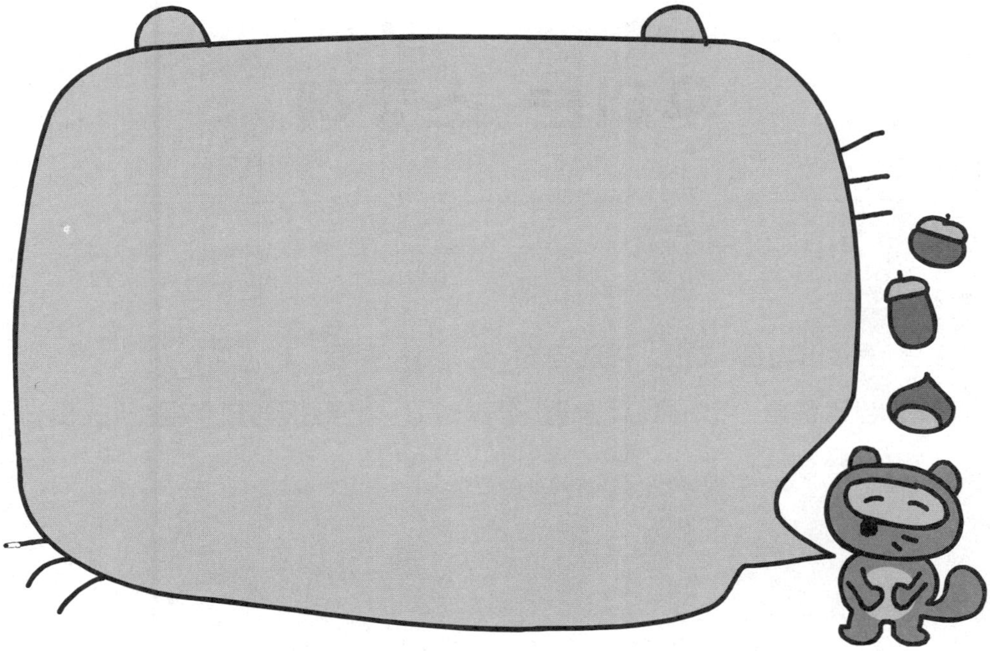

세 번째 시간

우리는 소중해

☆ 목표

1. 청소년 문화 속에 있는 생명경시 행동을 찾을 수 있다.
2. 자신의 생명존중 수준과 유형을 점검하고 생명존중 의식을 갖는다.

소중이의 하루

★ '소중이의 하루'를 보고 생명존중이나 생명경시와 관련 있는 대화내용 및 상황이 어떤 것이 있는지 한번 찾아볼까요?

NO	시간/장소	생명존중	생명경시
1			
2			
3			
4			
5			
6			
7			
8			

생명존중유형 체크리스트

구분		문 항	매우 그렇다	그렇다	보통이다	그렇지 않다	전혀 그렇지 않다
A	1	나는 가끔 내 자신을 다치게 하는 생각을 한다.	1	2	3	4	5
	2	나는 내가 세상에 태어난 것이 행복하다.	5	4	3	2	1
	3	누군가 나를 부당하게 대우하면 화가 난다.	5	4	3	2	1
	4	나는 폭력게임이나 폭력영화를 좋아한다.	1	2	3	4	5
	5	나는 주변 사람들에게 사랑받고 있다고 생각한다.	5	4	3	2	1
	6	나는 화가 나면 잘 참지 못하는 편이다.	1	2	3	4	5
	7	나는 스트레스를 받으면 밥을 굶거나 과식을 한다.	1	2	3	4	5
	8	나는 살만한 가치가 있는 소중한 사람이다.	5	4	3	2	1
	9	자살에 대해 생각해 본 적이 있다.	1	2	3	4	5
	10	내 힘으로 해결할 수 없는 일이 내게 닥쳤을 때, 죽는 것도 괜찮은 방법이다.	1	2	3	4	5
합 계							점
B	1	몸이 불편한 장애인들을 보면 피한다.	1	2	3	4	5
	2	왕따 당하는 친구는 그럴만한 이유가 있다.	1	2	3	4	5
	3	친구들과 대화할 때 욕이나 은어를 사용한다.	1	2	3	4	5
	4	화가 나거나 기분이 나쁘면 친구를 때린다.	1	2	3	4	5
	5	어려운 상황에 처해 있는 소외된 이웃을 보면 돕는다.	5	4	3	2	1
	6	흉악한 범죄를 저지른 사람은 사회에서 보호할 가치가 없다고 생각한다.	1	2	3	4	5
	7	다른 사람들도 나 자신만큼이나 소중한 존재라고 생각한다.	5	4	3	2	1
	8	싸움하는 친구들을 보면 말리지 않고 지켜본다.	1	2	3	4	5
	9	힘들고 어려운 상황에서도 살아야 할 이유가 있다.	5	4	3	2	1
	10	내가 손해를 보아도 다른 사람에게 이익이 된다면 괜찮다.	5	4	3	2	1
합 계							점

나의 생명존중 유형

가로줄에는 B항목에 대한 점수를 표시하고,
세로줄에는 A항목 점수를 표시한 후 직선을 그어 각 점수들이 만나는 선을 이용해 막대그래프를 만들어 보세요.

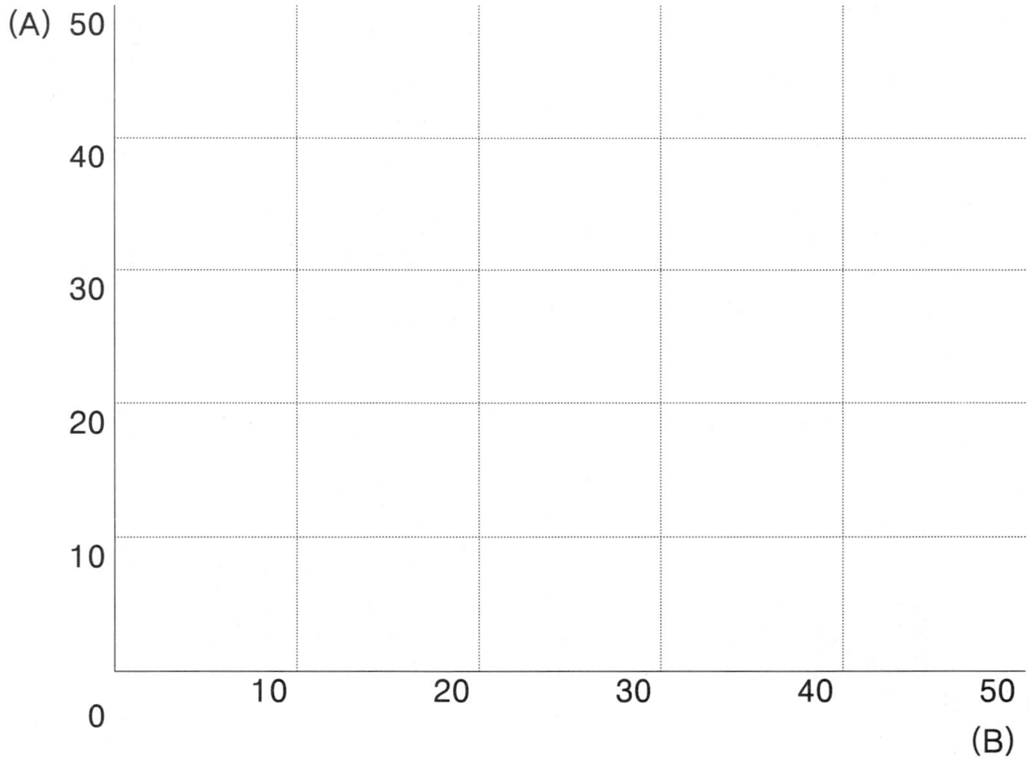

나의 생명존중 유형

유형별 해석

무관심형

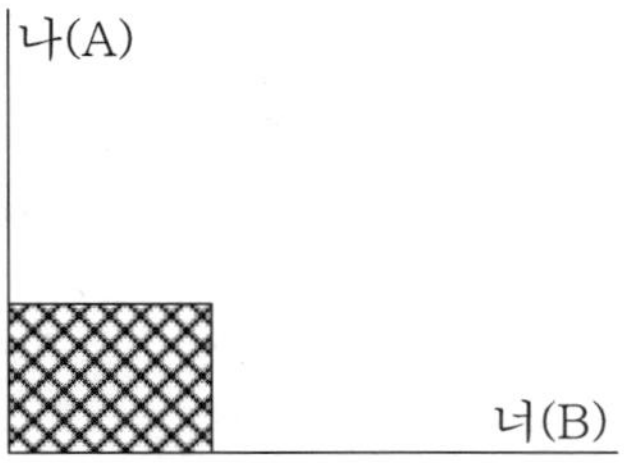

생명존중에 대한 공부가 많이 필요한 것 같아요. 누구에게나 생명은 소중한 것이랍니다. 나와 다른 사람을 사랑하는데 많은 관심을 가지세요.

생명존중 실천방법

* 본인도 모르고 있는 부분을 찾아 칭찬하기
* 친구들과 대화 시 욕/은어 사용횟수 줄이기
* 본인과 상대방의 잘잘못에 대해 한 번 이상 너그럽게 봐주기

자기중심형

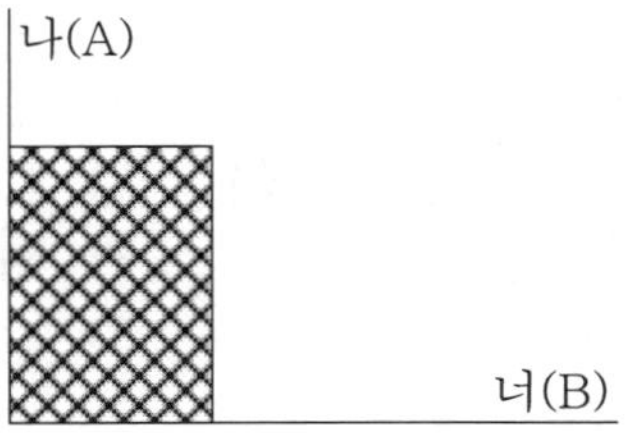

자기 자신을 귀하게 여길 줄 알고 있군요. 그러나 타인에 대한 배려와 존중하는 태도가 조금 더 필요해요. 자신을 사랑하고 아끼는 만큼 상대방에게도 동일하게 대해주면 좋겠네요.

생명존중 실천방법

* 친구들의 장점이나 잘 한일에 대해 칭찬해주기
* 상대방의 사소한 잘못 용서해 주기

타인중심형

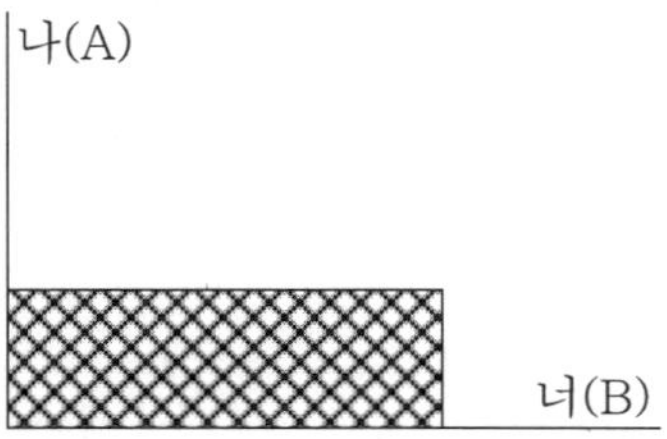

상대방을 배려하는 모습이 보기 좋네요. 하지만 자신에 대해선 엄격하고 인색한 건 아닌가요? 나를 사랑하고 칭찬하는 마음을 가져보세요. 나는 이 세상에서 단 하나뿐인 존재라는 걸 잊으면 안 돼요.

생명존중 실천방법

* 사랑받기 위해 태어난 사람임을 하루 세 번 이상 생각하고 말하기
* 자기 의견이나 감정을 솔직하게 표현하기

생명존중형

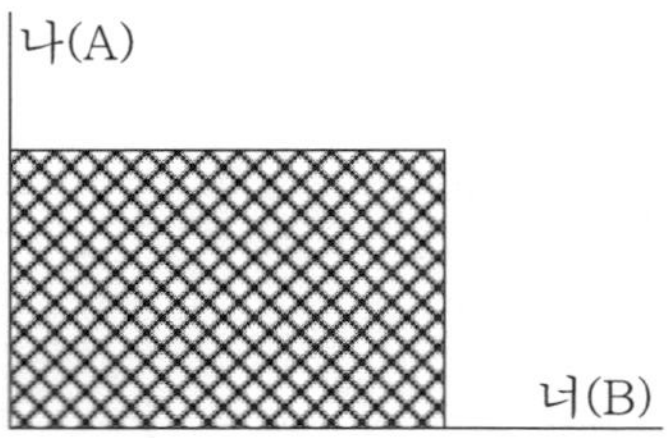

짝!짝!짝! 나와 상대방에 대한 배려와 생명존중의식이 상당히 좋습니다. 지금처럼 서로 배려하며 나를 사랑하는 모습을 잘 간직하시기 바랍니다. 그리고 다른 친구들에게 이러한 소중한 마음을 가르쳐주세요.

생명존중 실천방법

* 여러분의 좋은 습관을 친구들에게 알려주며 함께 실천해 보세요.

♣ 이번 시간을 통해 느낀 점을 적어봅시다.

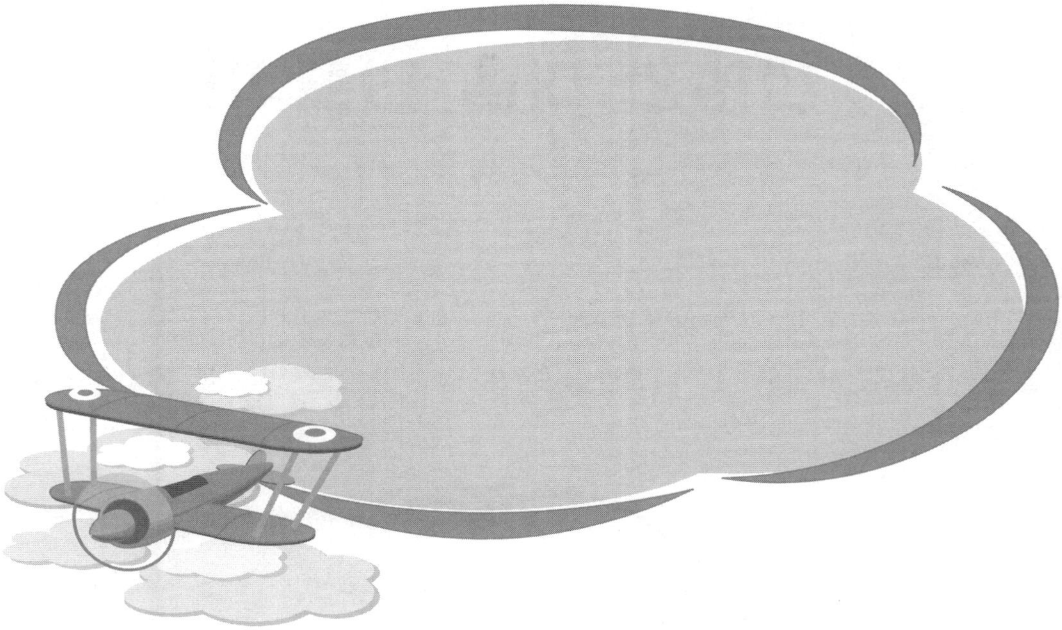

무엇이든

홍 신 자

자신의 몸을 못생겼다고 생각하고
움츠린 사람이 있다면
자신이 지금 속고 있음을 알아차려라.
지금까지 자신의 눈이 아니라
어떤 근거인지도 모르는 기준으로,
양해도 없이 일방적으로 정해진 남들의 조건으로
자신을 보았기 때문에
사랑해야 할 몸을 구박했음을 인정해라.
세상의 그 어떤 존재도
다른 존재의 모델이 될 수 없고
우위에 있을 수 없다

* 출처 : 『무엇이든 할수 있는 자유 아무것도 하지 않을 자유』
홍신자 엮음, 2002년 , 서울: 명진출판사.

네 번째 시간

건강한 마음 만들기!

☆ 목표

1. 자신의 우울한 감정을 이해하고 그 대처법을 안다.
2. 긍정적인 사고와 감정 조절을 통해 정신건강을 바르게 유지한다.

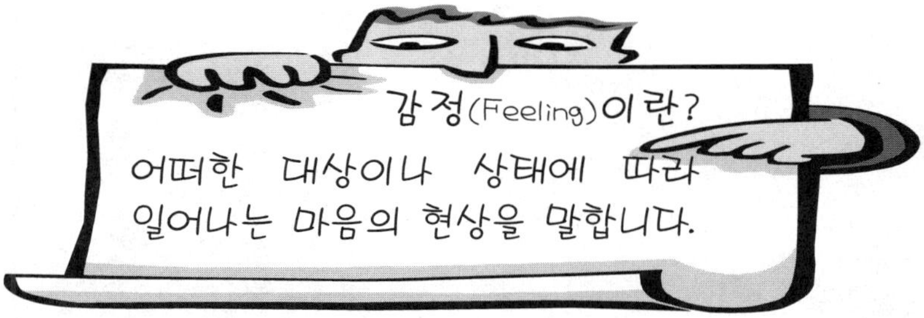

▸감정 단어

홀가분하다	행복하다	사랑스럽다	기쁘다	반갑다
즐겁다	통쾌하다	뿌듯하다	자랑스럽다	재미있다
참담하다	슬프다	불쾌하다	배신감 느끼다	경멸하다
증오하다	열등감 느끼다	억울하다	비참하다	절망하다

▸요즘 나의 감정은 어떤가를 생각해 보고 자신의 감정에 맞는 것을 '감정 단어'에서 골라 보세요.

(　　　　　　　　　　　　　　　　　　　　　　　　　　　　)

이 감정 단어를 선택한 이유는 무엇인가요?

____

감정카드 맞추기

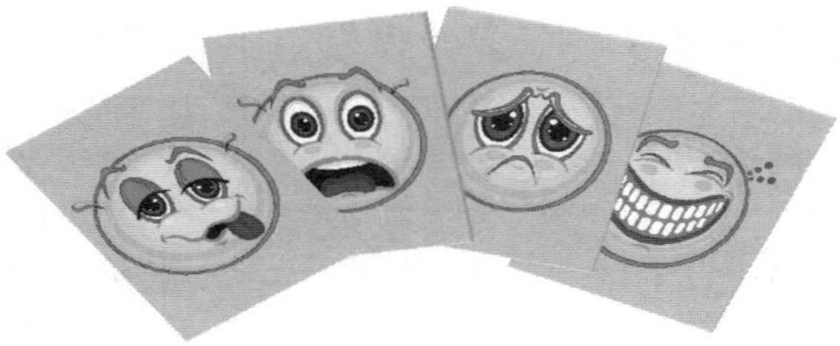

- ▶ 모둠별로 한 명씩 대표를 선발한다.
- ▶ 모둠 대표가 감정카드를 하나씩 받는다.
- ▶ 모둠 대표는 카드에 있는 감정을 몸짓으로만 표현한다.
- ▶ 정답은 모든 모둠이 맞출 수 있다.
- ▶ 맞춘 개수만큼 모둠별로 스티커를 받는다.

우울증이란?

☹ 우울증에 걸리면... ☹

- 친구들과 어울리는 것이 즐겁지 않아요.
- 감정을 잘 못 느끼거나 감정을 표현하지 않아요.
- 할 일을 하지 않거나 할 수 있는 일도 하지 않아요.
- 정서적, 신체적 증후가 나타나고 감정의 변화가 생겨요.

____

____

____

우울한 감정 대처법

☺ 나만의 우울 모드 극복법! ☺

① 좋은 음악을 듣는다. - 우울할 때 듣는 음악

② ____

③ ____

④ ____

생각과 감정은 친구!!

* 첫 번째, 벗어나고 싶어요! - '탈출하고 싶은 생각'

영철이 아버지는 중소기업에 근무하는 모범적인 가장이시다. 영철이는 이러한 아버지를 존경하면서도 한편으로는 아버지에 비해서 자신이 많이 부족하다고 생각한다. 1학년 때는 성적이 좋았으나 학년이 올라가면서 성적이 떨어지고 최근에는 공부에 대한 압박감까지 느끼고 있다. 그러한 영철이는 이번 기말고사 준비를 열심히 해야 하는데, 여전히 계속 잡생각만 나고 전혀 집중이 되지 않는다. 이번에도 성적이 안 나오면 아빠에게 인정도 받지 못하고 많이 실망하실 거라는 생각에 우울해한다.

"아! 너무 힘들다. 도저히 견딜 수 없다. 그냥 포기하고 이 상황에서 벗어나고 싶다."

* 긍정적인 생각으로 바꾸기

* 두 번째, 욕심쟁이! - '통제하고 싶은 마음'

중학교 2학년인 지훈이는 예의바르고 공부도 잘하는 학생이다.
그래서 주위의 선생님이나 어른들에게 칭찬을 자주 듣는다.
또한 친구들과 의견이 안 맞았을 때 리더십 있게 상황을 이끌어
가기도 한다. 그런데 어느 날 여자친구인 슬기가
"너는 다른 사람들에게 너무 잘 보이려고 가식적인 거 같아.
너랑 있으면 숨 막혀. 네가 싫어!"

* 긍정적인 생각으로 바꾸기

____

____

____

____

* 세 번째, 잘못된 해결책! - '혼자만의 판단 실수'

소라는 삼남매의 맏이다. 가정형편이 어려워 다니고 싶은 학원도 가지 못한다. 공부를 열심히 해도 성적은 잘 나오지 않고 선생님께 칭찬받는 일도 거의 없다.
그리고 외모 때문에 친구들에게도 인기가 없다. 어느 날 영수가 소라를 놀리면서 "너! 살 좀 빼라! 너만 보면 짜증 나! 여자가 그게 뭐니?"

"나는 왜 이럴까?
아무 희망이 없다. 어떻게 헤쳐 나갈
방법이 전혀 없다.
엄마는 날 왜 이렇게
못나게 낳았을까?"

* 긍정적인 생각으로 바꾸기

★ 이번 시간을 통해 새롭게 알게 된 점이나 느낀 점을 적어주세요.

햇빛이 계속되면 사막이 되어버린다

정 호 승

고비는 비가 많이 오는 곳이었습니다.
비가 너무 많이 와서 고비는 신에게 햇빛을
내리쬐게 해달라고 간청했습니다.
신은 고비의 간청을 들어주면서
한 가지 조건을 내걸었습니다.
그것은 다시는 비가 오게 해달라고
할 수 없다는 조건이었습니다.
고비는 햇빛이 너무나 간절한 나머지
그 조건을 수락했습니다.
신은 고비에게 햇빛을 내려주었습니다.
고비엔 차츰 물이 말라가 살기가 아주
좋아졌습니다.
그러나 일정 기간이 지나고 나자 고비는
말라가지 시작했습니다.
예전처럼 비가 내려야만 했습니다.
그러나 고비는 비가 오게 해달라고 할 수 없다는
신과의 약속을 지키지 않으면 안 되었습니다.
고비엔 계속 햇볕만 내리쬐었습니다.
결국 고비는 사막이 되고 말았습니다.

* 출처 : 『내 인생에 힘이 되어준 한마디』, 정호승 산문집 , 2006, 서울: 비채

다섯 번째 시간

그건 아니야

☆ 목표

1. 자살에 대한 올바른 정보를 습득한다.
2. 자살과 관련된 행동에 대하여 올바른 태도를 갖는다.

진실 혹은 거짓 !!??
(O/X QUIZ!!)

	내 용	O	X
1	자살하려는 청소년들은 자신의 문제가 가장 심각하다고 생각한다.		
2	자살하겠다고 얘기하는 청소년들은 실제로는 자살하지 않는다.		
3	자살하거나 자살을 생각하고 있는 청소년들은 보통의 청소년들과는 다르다.		
4	자살하는 청소년은 죽으려는 의지가 확고하다.		
5	자살은 예방 가능하다.		
6	자살하려는 청소년들은 대부분 정신적 장애를 앓고 있다.		
7	자살을 시도했던 청소년이 안정을 찾기 시작하면 안심해도 된다.		
8	대부분의 자살한 청소년들은 주변사람들에게 자신의 문제에 대해 도움을 요청한다.		
9	자살은 유전된다.		
10	자살을 생각하고 있는 청소년에게 관심을 기울여주면 자살예방에 도움이 된다.		
맞춘 개수			

진실의 거울

이 모습이 진짜야~~

1	똑같은 상황과 문제에 처하더라도 사람마다 그 영향을 다르게 받는다. 어떤 사람에게는 사소한 일이 다른 사람에게는 죽고 싶은 생각이 들만큼 끔찍하게 느껴질 수도 있다.
2	자살 생각이나 자살 시도는 '도움을 찾으려는 외침'이다. 청소년이 도움을 요청하는 데도 반응을 하지 않는다면 비극적인 결과로 끝맺을 수 있다.
3	자살은 누구나 할 수 있으며, 자살자의 일반적인 특성은 없다. 단지 자살 위험이 좀더 높은 집단이 있을 뿐이다.
4	대부분의 자살하는 청소년들은 삶이나 죽음을 스스로 결정하지 않는다. 자살위험을 무사히 넘기면 건강하게 살 수 있다. 따라서 그 위기를 잘 넘길 수 있도록 주위에서 보호하고 도와주는 것이 매우 중요하다.
5	청소년들이 신체와 정신이 건강할 수 있도록 관리하고, 주변에서 관심을 갖는다면 위기상황에서도 충분히 대처할 수 있게 된다.
6	자살을 한 사람들 중 일부는 정신질환을 갖고 있는 것으로 나타났다. 하지만 자살하려는 행동이 단지 정신질환 때문에 생겨난 것은 아니다.
7	자살하려던 사람이 안정을 찾기 시작하면 주변 사람들은 안심 하지만, 이때 자살하려던 사람은 문제와 두려움에서 완전히 벗어난 것이 아니므로 또 다시 자살시도를 할 수 있다. 기분이 좋아진 것으로 인해 자살시도를 할 에너지가 생길 수 있기 때문에 기분이 나아지기 시작할 때 더 관심을 가져야 한다.
8	자살한 청소년들이 학교 친구들에게 자살 생각과 계획을 이야기했다는 증거가 많이 있다. 청소년들은 다른 사람에게 자신의 상황을 언어적으로 표현하기보다 비언어적인 몸짓으로 신호를 보내어 도움을 요청하는 경향이 있다.
9	가족 중에 누군가 자살로 죽었다면 유족들의 자살위험성은 높다고 할 수 있다. 그러나 자살은 유전되는 것은 아니다.
10	자살하려는 청소년들은 처음에 방어적이고 도움을 거부하지만, 사람들이 자신에게 관심을 갖고 도움을 줄 준비가 되어 있는지를 알아보기 원한다. 대다수의 청소년들은 자신이 겪고 있는 심한 정서적인 고통이 끝나기를 바라는 것이지, 죽기를 원하지 않는다. 진심으로 자신에 대해 관심을 갖고 정서적으로 고통을 나누려 한다면 나중에 이것을 고맙게 생각할 것이다.

토론사례 1

최근 인기 연예인 A양이 원인을 알 수 없는 자살을 했다. 이를 두고 사람들의 반응이 서로 다르다. 평소 A양을 좋아했던 팬들은 A양의 죽음을 추모하며 아쉬워한다. 자살로 죽었지만 그녀의 죽음은 아름답고, 다른 자살들과는 다르다는 반응이다.

한편 또 다른 사람들은 A양의 죽음이 자살이기 때문에 그리 아 다운 죽음은 아니며, 이를 아름다운 모습으로 여겨서는 안 된다고 말한다. 왜냐하면 청소년들이 자살에 대해 긍정적으로 생각하면서 유명 연예인의 죽음을 모방할 수도 있다고 보기 때문이다.

A양의 자살에 대해 여러분은 어떻게 생각하는가?

우리들의 생각

위의 사례를 읽고 어떤 생각이 들었는지 적어보세요.

토론사례 2

중학교 2학년인 선주네는 가정환경이 어렵다. 아버지는 알콜 중독이 있어 일을 나가시지 못하고, 술만 드시면 심한 욕과 함께 폭력을 휘두르신다. 이 때문에 어머니는 참다못해 6개월 전에 집을 나가셨다.

선주는 아버지의 폭력을 견디며 동생을 돌보는 것이 너무 힘들다.집안이 가난한 것도, 속을 터놓고 이야기할 친구가 없는 것도 선주에게는 심한 스트레스이다. 요즘 들어 선주는 이런 환경에서 벗어나고 싶다는 생각이 점점 많아졌다.

선주는 '이젠 지긋지긋해! 날 힘들게 하는 이 세상에서 더 이상 살고 싶지 않아. 내가 죽어도 슬퍼해 줄 사람은 아무도 없으니깐' 이라는 생각을 하게 되었고, 죽음으로써 현재 환경을 벗어나려고 생각하면서 오늘 밤 자살을 실행하려고 계획하고 있다.

우리들의 생각

위의 사례를 읽고 어떤 생각이 들었는지 적어보세요.

정리해 볼까요?
(자살에 대한 올바른

	이런 생각을?	이렇게 바꿔보아요!
1	사람은 자살을 할 권리가 있다.	사람은 그 자체로 의미 있는 존재이며 살아야 할 신성한 의무가 있다. 따라서 어떠한 이유로도 자살은 인간의 정당한 권리가 될 수 없다.
2	자살은 개인만의 문제이다.	자살은 개인만의 문제가 아니라 자신을 둘러싼 가족, 친구, 지역사회에 큰 영향을 미치는 위험 행동이다.
3	자살시도는 충동적인 행동이다.	자살시도는 충동적으로 발생할 수 있으나 그 위험 순간을 벗어나면 예방될 수 있다.
4	어려운 환경에 처해 있을 때는 자살이 유일한 해결책이다.	아무리 어려운 환경에 처해 있더라도 자살하면 안 된다. 왜냐하면 죽음은 돌이킬 수 없기 때문이다. 그러므로 주위 사람들로부터 도움을 받아서 해결하는 것이 최선책이다.
5	내가 죽어도 아무도 나에게 관심을 갖지 않을 것이다.	그렇지 않다. 여러분에 대한 사랑과 관심을 직접 표현하지는 않았지만 주변에는 여러분을 사랑하는 사람들이 많이 있다는 사실을 잊지 말아라.

이번 시간을 통해 무엇을 느꼈나요?!!

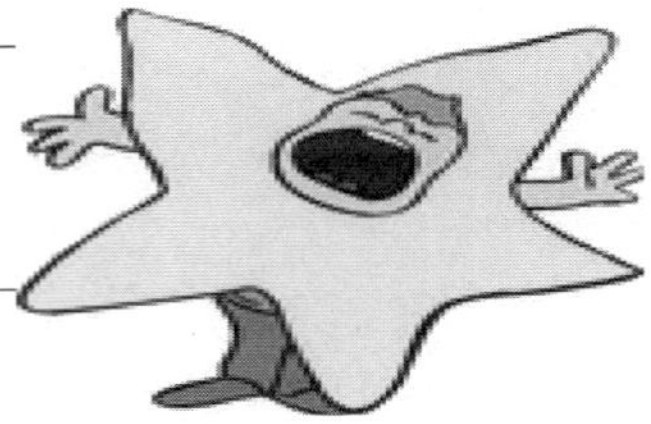

자기 자신답게 살라

류시화

어떤 사람이 불안과 슬픔에 빠져 있다면
그는 이미 지나가 버린 과거의 시간에
아직도 매달려 있는 것이다.

또 누가 미래를 두려워하면서 잠 못 이룬다면
그는 아직 오지도 않은 시간을
가불해서 쓰고 있는 것이다.

과거나 미래 쪽에 한눈을 팔면
현재의 삶이 소멸해 버린다.
보다 직설적으로 표현하면
과거도 없고 미래도 없다.
항상 현재일 뿐이다.

지금 이 자리에서 최선을 다해
최대한으로 살 수 있다면
여기에는 삶과 죽음의 두려움도 발붙일 수 없다.

저마다 서 있는 자리에서 자기 자신답게 살라.

* 출처 : 『살아 있는 것은 다 행복하라』, 류시화 엮음, 2006 , 서울: 조화로운 삶.

여섯 번째 시간

생명지킴이

☆ 목표

1. 자살을 생각하거나 자살위험에 처한 친구들이 보내는 자살위험 신호를 알 수 있다.
2. 자살생각이나 자살위험에 처한 친구를 돕는 적절한 방법을 안다.

*미모사(mimosa)는요? 콩과의 일년초 식물입니다. 줄기는 30cm가량 자라는데, 잔털과 가시가 있어요. 여름에 보라색 꽃이 피고 꼬투리를 맺습니다. 키우는 사람이 잠시라도 관심을 기울이지 않으면 시들어 버리는 식물입니다.

미모사 이야기

▶ 자살을 생각하고 있는 친구들은 위험신호를 보냅니다.
주인공이 죽기 전에 했던 말과 행동은 무엇이었나요?

▶ 주인공이 죽은 후 부모님과 친구들의 반응은 어떤가요?

▶ 자살위험 신호를 알았다면 어떤 말과 행동으로 주인공을 도울 수 있었을까요?

생명지킴이 활동

♣ 다음 사례를 읽고 자살위험 신호를 찾아보세요.
자살위험 신호를 보내는 친구를 도울 수 있는 말과 행동을 적어보세요.

사례 1

지훈이는 이번 기말고사에서 성적이 많이 떨어졌다. 지난 중간고사 이후로 나름대로 열심히 공부해서 성적이 오를 거라 생각했었는데... 기대만큼 성적이 나오지 않았다.

그 후로 친구들과의 말수도 적어지고 심각한 얼굴 표정을 자주 짓곤 한다. 집에서도 가족들의 얼굴을 피하며 혼자 방에 있을 때가 많다. 지훈이는 요즘 '희망이 없어, 죽고 싶다.'라고 혼잣말을 자주 한다.

자살위험 신호	도움 되는 말/행동

사례2

방과 후 학교근처 한적한 공터에서 철민이는 아이들에게 둘러싸여 협박과 폭행을 당하고 있다. 철민이는 친구들이 두렵기만 하다. 친구들에게 맞은 상처들이 철민이에게는 여기저기 아직도 남아 있다.

자기들의 말을 잘 듣지 않는다며 때리고, '재수 없다'며 또 때린다. 오랫동안 괴롭힘을 당했지만 어떻게 해야 할 지 잘 모르겠다.

학교에서는 말도 거의 하지 않는다. 선생님께 이야기를 해보려고 해도 친구들이 알면 더 괴롭힐까봐 선생님의 눈길도 피하며 다닌다.

매일 당하는 학교 폭력으로 울먹이며 이렇게 말한다. "이렇게 맞고 살 바에는 차라리 없어지는 게 나아. 너무 보잘 것 없고 너무 초라해."

자살위험 신호	도움 되는 말/행동

사례 3

수미, 은영이, 지은이는 함께 잘 어울리는 친구들이다. 학교에서도 같은 반이고 학원도 같이 다닌다.

수미는 처음엔 은영이와 더 친했지만 지금은 지은이를 더 친한 친구라고 생각한다. 그런데 요즘 지은이와의 관계가 조금 틀어졌다. 지은이가 "너 같은 애는 처음 봤다.", "너는 왜 그러니?"라고 말하면서 은영이랑 더 자주 어울려 다닌다. 그리고 은영이에게 자신에 대해 험담하는 것을 알게 되었다. 쉬는 시간에도 수미는 혼자 앉아 있을 때가 많아졌고 그럴 땐 눈물이 나기도 한다. 다른 친구들의 대수롭지 않은 장난에도 신경질을 내고, 싸움을 하기도 한다. 수미는 학교에서 은영이와 지은이의 다정한 모습을 보는게 정말 괴롭다.

자살위험 신호	도움 되는 말/행동
______________	______________
______________	______________
______________	______________
______________	______________

사례 4

영미는 아버지가 술에 취해서 들어오는 날이면 집을 뛰쳐나가고 싶은 충동을 느낀다. 아버지는 술에 취해 늦게 들어와서는, 가족들을 모두 깨워 고래고래 소리 지르고 욕을 하며, 집안의 물건을 부수거나 폭력을 휘두르기도 한다.

한 번은 어머니를 때리려는 아버지를 말리다가 얻어맞기도 했다. 영미는 그런 아버지가 너무너무 밉고 싫다. 아버지와 비슷한 나이의 사람들의 술 취한 모습을 보면 영미는 자신도 모르게 화가 치밀어 오른다. 영미는 가족이야기 하는 것을 가장 싫어한다. 가족 이야기만 나오면 정말 괴롭고 사는 게 싫다.

자살위험 신호	도움 되는 말/행동

생명 지킴이

친구를 돕는 방법

생명지킴이(Gate-keeper)란, 내 주변에 생명을 경시하거나 파괴하는 친구들이 있을 때 함께 얘기를 들어주며 돕는 친구를 말합니다.

1) 말

(1) 지속적으로 격려하고 지지하는 말을 해준다.

(2) 고민과 스트레스에 대해 긍정적인 말을 해준다.

(3) '어른이 되었을 때, 지금 자신의 모습을 떠올려보세요.'라고 말한다.

(4) ____

(5) ____

2) 행동

(1) 관심 갖고 말 걸기

(2) 같이 어울리기

(3) 담임선생님과 상의하기

(4) ____________________________________

(5) ____________________________________

★ 이번 시간을 통해 느낀 점을 적어볼까요?

일곱 번째 시간

소중한 나,
혼자가 아니야!

☆ **목표**

1. 위험에 처했을 때 도움을 구하는 방법을 말할 수 있다.
2. 내 주변에 도움을 요청할 수 있는 사람과 기관을 찾을 수 있다.

도움 찾기 지도 만들기

도움 찾기 게임

① 도움 찾기 지도에 있는 각 대상에게 소중이가 어떠한 말과 행동으로 도움을 요청할 수 있는지 적어보게 한다.
② 각 모둠의 대표가 나와서 주사위를 굴린다.
③ 대표가 속해 있는 모둠은 주사위를 굴려서 나온 면에 있는 대상에 대해 도움 찾기 지도에 적은 내용을 발표하도록 한다.
④ 주사위를 굴려 '꽝'이 나오면 벌칙으로 '도와주세요!'라고 세 번 외친다.

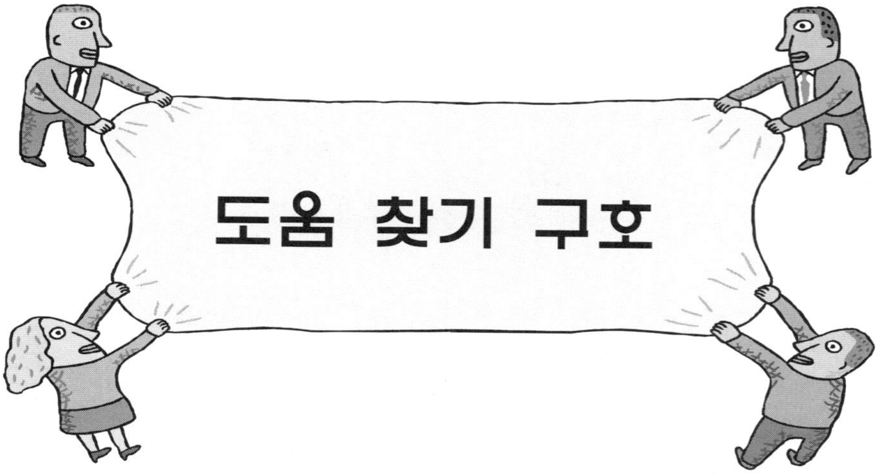

난	소중한 사람이다!
혼	자가 아니야~
자	신의 몸과 마음을 건강하게 가꾼다!
가	족과 친구에게 고민을 얘기한다!
아	주 어려운 문제도 해결할 수 있다!
니	마음을 알아 줄 선생님이나 전문가를 찾자!
야	~~~!(다짐)

♣ 도움을 받을 수 있는 청소년 상담 관련기관

	기관명	전화 및 인터넷 사이트	
위기 상황 상담	한국생명의전화	1588-9191	http://lifeline.or.kr/
	헬프콜 청소년전화 청소년(상담)지원센터	1388	http://www.1388.or.kr/
	수원시 자살예방센터	031-228-7942	http://www.csp.or.kr/
	생명의전화 자살예방센터	온라인 상담	http://www.savelife.or.kr/
	한국자살예방협회	02-413-0892	http://suicideprevention.or.kr/
청소년 상담	시·도지역정신보건센터	1577-0199	http://suicide.or.kr/
	한국청소년상담원	02-2231-2000	http://www.kyci.or.kr/
	자녀안심하고 학교보내기 운동	02-2453-5227	http://www.1318love.net/
	YMCA청소년상담네트워크	02-2677-9220	http://counsely.ymca.or.kr/
	청소년폭력예방재단	02-585-0098	http://www.jikim.net/
	서울특별시 학교보건원	02-3999-540	http://www.bogun.seoul.kr/
	카운피아	02-792-6637	http://counpia.com/

♣ 도움 찾기 프로그램을 마치면서 느낀 점을 적어봅시다.

여덟 번째 시간

생명존중 서약

☆ **목표**

1. 생명을 존중해야 하는 이유를 스스로 깨달을 수 있다.
2. 삶의 이유와 가치를 발견하고 생명존중의 가치를 실천할 수 있다.

그 동안의 생명존중 프로그램을
돌아보면서 느꼈던 점을
나눠볼 거예요.
그리고 앞으로 나 자신의 생명을
존중하고 다른 사람의 생명도
존중하겠다는 생명존중 서약을
하면서 이 시간을 마무리 하겠습니다.

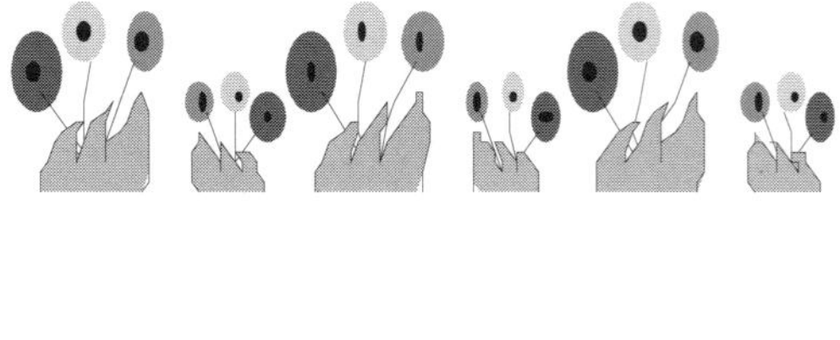

우리 반 나나애(愛)나무를 만들어봅시다.

나의 삶이 소중한 이유를 적어보세요! ^-^

이 름	

나의 삶이 소중한 이유	
1	
2	
3	

생명존중 서약서

나는 나의 생명을 소중하게 생각하고
존중할 것을 엄숙히 서약합니다.

1. 나 ________________은(는) 나의 생명을 소중하게 여기겠습니다.

2. 나는 내 주변에 생명을 존중하지 않는 사람들을 발견할 때 그런 행동을 하지 못하도록 막고, 그 사람을 기꺼이 도와주겠습니다.

3. 나는 힘들고 어려울 때 혼자 고민하지 않고 반드시 다른 사람에게 도움을 요청하고 솔직하게 말하겠습니다.

______년 ______월 ______일

______학교 ______학년 ______반

생명지킴이 : ________________________(서 명)

♣ 생명존중 프로그램을 마무리하면서 선생님, 친구들에게 하고 싶은 말이나 기억에 남는 내용 세 가지를 적어주세요!

선생님에게 하고 싶은 말

친구들에게 하고 싶은 말

기억에 남는 내용
첫째.
둘째.
셋째.

여러분 그동안 너무 수고 많으셨어요. ♥♡
오늘부터 생명지킴이로 새롭게 태어나는 거예요~!!
*^___^*

별지1

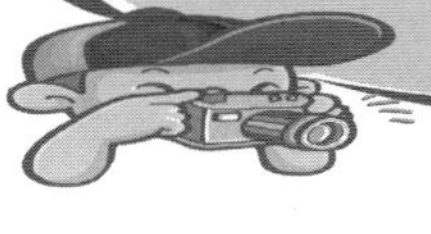

나만의 도움 찾기 주사위

★각 칸에 내가 도움을 요청할 수 있는 사람과 기관을 적어보세요

정육면체를 오려 붙여서 주사위를 만들 수 있어요

참고문헌

강선보(1997). 죽음에 관한 교육적 논의. 고려대학교 사범대학 사대논총, 21, 1-17.김기환·전명희·안석·차유림(1999). 청소년 자살의 특성에 관한 연구. 세림학술연구재단 연구결과 최종보고서.

고도원(2005). 고도원의 따뜻한 이야기. 서울: 가이드포스트.

김남수(2000). 사회과교육에서의 생명교육에 관한 연구. 서울교육대학교 교육대학원 석사학위논문.

김도경(2003). 바이론1. 서울: 학산문화사.

김준형·김봉준·장동원(1999). 청소년기 여학생들의 자살에 대한 태도 및 자아상에 관한 연구. 소아·청소년정신의학, 10(2), 220-235.

김향초(1993). 청소년 자살의 심리사회적 요인분석 및 예방대책 연구, 청소년학연구, 1(1), 167-181.

남 민(1997). 청소년 자살. 대한의사협회지, 40(10), 1282- 1287.

대구방송 http://www.tbc.co.kr

류시화 역(2006). 살아 있는 것은 다 행복하라. 서울: 조화로운 삶.

류중현(2006). 당신이 행복하면 좋겠습니다. 서울: 한국방송출판.

문미화, 김현숙(2005). 행복을 전하는 72가지 사랑의 사서함. 서울: 정민 미디어.

수잔 폴리스 슈츠(2001). 아가에게 보내는 사랑. 서울: 기린원.

아가야(2003). 아가야. 서울: 큰나무.

안황권(1999). 청소년 자살에 관한 연구. 경기행정논집, 13, 149 -169.

에모토 마사루(2002). 물은 답을 알고 있다. 양억관 역. 서울: 나무심는사람.

오진탁(2005). 삶과 죽음의 의미 교육. 제24차 한국 생명의전화 전국대회 워크샵 자료집, 82-100.

우울할 때 듣기 좋은 음악 http://blog.naver.com/iamokii/120015970992

원호택(1987). 고등학교 재학생들의 스트레스. 한국심리학회지(임상), 제 6권, 제 1호, 121-138.

임영식·조아미·하상훈(2004). 청소년 자살의 원인과 실태. 청소년보호위원회. 청소년보호, 2004-29.

이혜선·육성필 역(2006). 자살을 꿈꾸는 십대. 서울: 시그마프레스.

정혜경·안옥희·김경희(2003). 청소년의 자살충동에 영향을 미치는 예측요인. 청소년학연구, 10(2), 107-126.

정호승(2006). 내 인생에 힘이 되어준 한마디. 서울: 비채.

청소년대화의광장(1993). 청소년 자살 연구.

통계청(2008). 2007년 사망원인 통계 결과.

하연희(2001). 중학생의 자살생각 실태에 관한 연구. 이화여자대학교 대학원 석사학위논문.
한겨레신문 '대구방송 '청소년 자살 다큐' 미국 언론상'. 2005년 9월 22일.
한국생명의전화 생명존중연구모임(2005). 자살예방가이드북. 한국자살예방협회.
홍의경(1998). 청소년의 자아정체감과 자살생각과의 연관성에 관한 연구. 서강대학교 대학원 석사학위논문.
홍신자(2002). 무엇이든 할 수 있는 자유 아무것도 하지 않을 자유. 서울: 명진출 판사

Centers for Disease Control and Prevention(1992). Youth Suicide Prevention Programs: A Resource Guide. http://aepo-xdv-www.epo.cdc.gov/ wonder/prevguid/p0000024/P0000024.asp
Centre for suicide prevention(2002). Youth suicide awareness-presenter's handbook.
Ciffone, J.(1993). Suicide prevention: A classroom presentation to adolescents. Social Work, 38(2), 197-203.
Domino, G.(1991). Attitudes of high school students toward suicide. 27-37. In A. A. Leenaars, & S. Wenckstern(Eds.). *Suicide prevention in schools.* New York: Hemisphere Publishing Corporation.
Ellis, E. T. & Newman, C. F.(2005). 자살하고 싶을 때. 육성필· 이혜선 역. 서울: 학지사.
Kalafat, J., & Elias, M.(1994). An evaluation of a school-based suicide awareness intervention. *Suicide & Life-Threatening Behavior*, 24(3), 224-233.
Samuelsson, M., & ÅAsberg, M.(2002). Training program in suicide prevention for psychiatric nursing personnel enhance attitudes to attempted suicide patients. International Journal of Nursing Studies, 39(1), 115-121.
Sawyer, D., & Sobal, J.(1987). Public attitudes toward suicide: Demographic and ideological correlates. *Public Opinion Quarterly*, 51(1), 92-101.
Schneidman, E., Farberow, N. L., & Litman, R. E.(1970). The Psychology of Suicide. New York: Science House.
Shaffer, D., Garland, A., Vieland, V., Underwood, M. & Busner, C.(1991). The impact of curriculum-based suicide prevention programs for teenagers. *Journal of the American Academy of Child and Adolescent Psychiatry*, 30(4), 588- 596.
Shiho, Y., Tohru, T., Shinji, S., Manabu, T., Yuka, T., Erico, T., Ikuko, S., & Naoki, W.(2005). Suicide in Japan: Present Condition and Prevention Measures. Crisis, 26(1), 12-19.
World Health Organization(2002). World report on violence and health.